A vida em análise

Stephen Grosz

A vida em análise

Histórias de amor, mentiras, sofrimento e transformação

Tradução:
Maria Luiza X. de A. Borges

ZAHAR

Para Nicola, Clara e Samuel

Título original:
The Examined Life
(How We Lose and Find Ourselves)

Tradução autorizada da primeira edição inglesa, publicada em 2013 por Chatto & Windus, de Londres, Inglaterra

Proibida a venda em Portugal
Jorge Zahar Editor Ltda.
rua Marquês de S. Vicente 99 – 1º | 22451-041 Rio de Janeiro, RJ
tel (21) 2529-4750 | fax (21) 2529-4787
editora@zahar.com.br | www.zahar.com.br

Grafia atualizada respeitando o novo Acordo Ortográfico da Língua Portuguesa

Revisão: Eduardo Farias, Eduardo Monteiro | Capa: Elisa von Randow
Ilustração da capa: © Will & Deni McIntyre/Getty Images
Composição: Letra e Imagem

CIP-Brasil. Catalogação na publicação
Sindicato Nacional dos Editores de Livros, RJ

Grosz, Stephen
G923v A vida em análise: histórias de amor, mentiras, sofrimento e transformação/Stephen Grosz; tradução Maria Luiza X. de A. Borges. – 1.ed. – Rio de Janeiro: Zahar, 2013.

Tradução de: The examined life: how we lose and find ourselves
ISBN 978-85-378-1108-5

1. Psicanálise. 2. Psicologia. I. Título.

CDD: 150.195
13-02140 CDU: 159.964.2

Sumário

Nós recebemos e perdemos, e devemos tentar ser capazes de gratidão; e com essa gratidão abraçar de coração inteiro qualquer coisa da vida que reste após as perdas.

Andre Dubus II, *Broken Vessels*

Prefácio

Nos últimos 25 anos trabalhei como psicanalista. Tratei pacientes em hospitais psiquiátricos, clínicas de psicoterapia e de psicoterapia forense, unidades de crianças e adolescentes e consultório particular. A maior parte de meu trabalho, porém, foi com adultos em psicanálise – encontrando-me com uma pessoa durante cinquenta minutos, quatro ou cinco vezes por semana, durante vários anos. Passei mais de 50 mil horas com pacientes. A substância desse trabalho é a substância deste livro.

O que temos aqui são histórias extraídas da prática diária. Elas são verdadeiras, mas, para manter a confidencialidade, alterei todos os detalhes que pudessem identificar alguém.

Uma vez ou outra, quase todos nós nos sentimos aprisionados por coisas que pensamos ou fazemos, enredados por nossos impulsos ou escolhas idiotas; presos em alguma infelicidade ou medo, atolados em nossa própria história. Sentimo-nos incapazes de seguir adiante, mas apesar disso acreditamos que deve haver uma maneira. "Quero mudar, mas não se isso significar mudança", disse-me certa vez um paciente em completa inocência. Como meu trabalho consiste em ajudar pessoas a mudar, este livro é sobre mudança. E como mudança e perda estão profundamente conectadas – não pode haver mudança sem perda –, a perda assombra este livro.

A filósofa Simone Weil descreve como dois prisioneiros em celas vizinhas aprendem, no curso de um longo período de tempo, a falar um com o outro dando batidas na parede. "A parede é o que os separa, mas é também seu meio de comunicação", escreve ela. "Toda separação é um elo."

Este livro é sobre essa parede. É sobre nosso desejo de falar, de compreender e ser compreendidos. É também sobre sabermos ouvir, não apenas as palavras, mas os intervalos entre elas. O que descrevo aqui não é um processo mágico. É algo que faz parte de nossa vida diária – damos batidinhas, ouvimos.

Começos

Como podemos ser possuídos por uma história que não pode ser contada

Quero contar uma história sobre um paciente que me chocou.

Quando comecei a trabalhar como psicanalista, aluguei um pequeno consultório em Hampstead, numa rua larga e arborizada chamada Fitzjohns Avenue. Ficava perto de muitas clínicas psicanalíticas de renome e a alguns minutos de caminhada do Freud Museum. Na extremidade sul da Fitzjohns, há uma grande estátua de bronze de Freud.

Meu consultório era tranquilo e despojado. Havia uma escrivaninha grande apenas o suficiente para me permitir fazer anotações e organizar minhas contas mensais, mas nenhuma estante ou arquivo – a sala não era para leitura ou pesquisa. Como na maioria dos consultórios, o sofá não era um sofá, mas uma firme cama de solteiro com uma capa escura bem ajustada. Na cabeceira havia uma almofada de penas de ganso, coberta com um guardanapo de linho branco que eu substituía a cada paciente. A psicanalista que me alugava a sala havia pendurado uma peça de arte popular africana na parede muitos anos antes. Ela usava a sala de manhã, e eu, à tarde. Por essa razão ela era impessoal, até ascética.

Eu trabalhava em tempo parcial na Portman Clinic, um serviço ambulatorial forense. Em geral, os pacientes encaminhados para lá haviam violado a lei; alguns tinham cometido crimes violentos ou sexuais. Eu recebia pacientes de todas as idades e escrevi um bom número de laudos judiciais. Ao mesmo tempo, estava formando minha prática privada. Meu plano era reservar as manhãs para o trabalho na clínica; à tarde, esperava atender pacientes particulares com problemas menos extremos ou prementes.

Como vim a descobrir, meus primeiros pacientes particulares também exigiam bastante de mim. Olhando para trás, vejo muitas razões para que esses casos fossem difíceis. Em parte, havia minha própria inexperiência. Penso que é preciso tempo – eu precisei de tempo – para compreender quanto as pessoas são diferentes umas das outras. E provavelmente não ajudou que eu tivesse recebido vários pacientes encaminhados por psiquiatras e psicanalistas mais velhos que tentavam me dar um empurrão inicial. Médicos muitas vezes encaminham para analistas iniciantes pacientes que eles próprios não querem atender ou não podem encaminhar para nenhum outro lugar. E assim eu estava lutando com:

A srta. A., uma estudante de graduação de vinte anos. Embora descrita pelo psicanalista que a avaliara como "sofrendo de acessos de choro incontroláveis, depressão e sentimentos generalizados de inadequação", ela se apresentou como uma jovem alegre que insistia em não precisar de tratamento. Com o tempo, contudo, fiquei sabendo que era bulímica e se cortava de maneira regular, compulsiva. Como só comparecia às sessões esporadicamente, dois outros terapeutas tinham desistido de tratá-la.

O professor B., um cientista de quarenta anos, casado e com dois filhos. Ele havia sido acusado de plagiar o trabalho de um rival. O vice-reitor confiara a questão a um comitê disciplinar.

Se fosse considerado culpado – e o professor B. me disse que provavelmente seria –, talvez fosse dada a ele a chance de demitir-se discretamente. Seu médico lhe prescrevera antidepressivos e me pedira que o submetesse à psicanálise. O professor B. oscilava descontroladamente entre estados de triunfo frenético – zombando dos colegas que compunham o comitê disciplinar, por exemplo – e completo desânimo.

A sra. C., que possuía e administrava um pequeno restaurante com o marido e tinha três filhos. Ela queria ajuda porque se sentia ansiosa e sofria ataques de pânico. Em nosso primeiro encontro, disse-me que "achava difícil se relacionar honestamente", mas só depois de vários meses de terapia me contou que estava tendo um caso com a babá dos filhos, uma mulher que trabalhara para a família nos últimos sete anos, desde pouco depois do nascimento de seu primeiro filho. Agora – contrariando um acordo que fizera com o marido – a sra. C. estava tentando secretamente engravidar porque não suportava a ideia de perder a babá.

Outro de meus primeiros pacientes foi um rapaz chamado Peter. Ele estava se tratando num grande hospital psiquiátrico próximo. Três meses antes de nos conhecermos, Peter escondeu-se no armário de uma igreja, onde tentou se matar tomando uma superdose de vários remédios e cortando os pulsos em seguida. Além disso, apunhalou-se no pescoço, peito e braços com uma pequena faca. Foi descoberto por uma faxineira. Embora assustada, a mulher o segurou enquanto esperavam a ambulância. "Quem fez isso?", ela lhe perguntou. "Diga-me, quem fez isso com você?"

Sua psiquiatra perguntou-me se eu poderia atender Peter cinco vezes por semana. Ela acreditava que terapia diária, combinada com um encontro semanal com ela, representava, para Peter, a melhor chance de recuperação, de voltar para sua noiva e para seu trabalho.

Peter tinha 27 anos e trabalhava como engenheiro estrutural. Antes de ser hospitalizado, ele e sua noiva haviam comprado um apartamento de um quarto nas proximidades de Londres. Vinha tendo dificuldades no emprego e estava ansioso por causa de dinheiro – mas nada disso parecia explicar seu violento ataque a si mesmo. Parte de meu trabalho, portanto, foi ajudar Peter a identificar as causas de sua tentativa de suicídio – se ele não conseguisse compreender as forças que o haviam levado a atacar a si mesmo, havia todas as razões para pensar que isso voltaria a acontecer.

Peter era alto e magricela, mas tinha a postura que alguns deprimidos adotam, ombros curvados para a frente, cabeça baixa. Suas maneiras eram deprimidas também – ele falava com hesitação, olhando pouco nos olhos do interlocutor. Uma vez acomodado no sofá, praticamente não se mexia mais.

O rapaz comparecia a todas as sessões e quase nunca chegava atrasado. Depois de vários meses, saiu do hospital e foi capaz de retornar à sua vida. Cada vez mais, porém, em nossos encontros no consultório, eu o sentia desaparecer num lugar que eu não podia encontrar, muito menos compreender. "Você passou um longo tempo em silêncio – pode me dizer sobre o que estava pensando?", perguntei em uma das sessões.

"Umas férias em Devon – quando eu era criança", ele respondeu.

Houve uma longa pausa. Ele não podia me contar mais? Peter respondeu que não estava pensando em nada em particular, apenas sobre estar só.

Ocorreu-me que ele queria estar longe de mim, em férias da análise, e disse isso a ele. "Talvez", respondeu.

Era como se Peter estivesse tentando se proteger de minhas intromissões, como se estivesse cumprindo as convenções da análise – chegar na hora e responder às minhas perguntas, por exemplo –, mas de maneira a evitar que qualquer conexão significativa se desenvolvesse entre nós. Ele parecia não ter muita fé em nossa conversa.

Mas fiquei sabendo que Peter tinha um histórico de fazer amigos e depois se voltar contra eles. Também em sua vida profissional, ele desempenhava tranquilamente seu trabalho, depois, de repente, envolvia-se numa briga com o chefe e deixava o emprego. Isso havia acontecido várias vezes. Tentei usar essa informação para mostrar a Peter que ele parecia ter duas posições psicológicas abertas para si – aquiescência ou acabar com tudo. Embora tenha parecido concordar, nunca senti que a ideia era significativa para ele. E logo esse padrão foi encenado na análise. Peter deixou de concordar comigo para passar a zombar de mim. Após uma semana particularmente tumultuada, ele parou de ir às sessões. Escrevi-lhe, propondo que conversasse comigo sobre sua decisão de encerrar o tratamento, mas não recebi resposta.

Entrei em contato com a psiquiatra, que me disse que, da mesma forma, Peter não estava indo mais vê-la.

Dois meses depois, chegou uma carta da noiva de Peter, contando-me que ele se matara. Ela explicou que, durante o mês que antecedeu a sua morte, Peter estava cada vez mais perturbado e fechado. Agradecia-me, porém, por minhas tentativas de ajudá-lo. Mandei-lhe uma carta de condolências e depois informei a psiquiatra de Peter.

Eu sabia que Peter era um paciente de alto risco. Quando o aceitei, havia procurado a ajuda de um supervisor, um psicanalista experiente que escrevera um livro sobre suicídio. Ele havia chamado várias vezes minha atenção para como Peter parecia idealizar a morte. Fui vê-lo novamente, ansioso com o temor de ter deixado de compreender alguma coisa. "Quem sabe?", disse ele. "Talvez estar em análise com você o tenha *impedido* de se suicidar no ano passado." Ainda assim, a morte de Peter me perturbou enormemente. Claro, eu sabia que todos nós temos a capacidade de agir de formas autodestrutivas, no entanto eu tinha uma espécie de fé de que o desejo de viver era mais poderoso. Mas naquele momento, em vez disso, senti sua fragilidade. O suicídio de Peter me fez perceber que a batalha entre as forças da vida e da morte era muito mais equilibrada.

Seis meses depois, recebi uma mensagem em minha secretária eletrônica. Ouvi os sons inconfundíveis – os bipes, as moedas caindo – e em seguida a voz de Peter:

"Sou eu. Não estou morto. Pensei se poderia ir aí e falar com você. Estou no meu número antigo."

No instante em que ouvi sua voz, senti vertigem, confusão. Por um momento me convenci de que a secretária eletrônica estava com defeito, de que eu estava ouvindo uma mensagem muito antiga que nunca fora apagada. Depois ri – de raiva, de alívio. E porque estava chocado.

Naquela noite, ao escrever para a psiquiatra contando que Peter não estava morto, fiz o que muitos fazem quando estão com raiva: brinquei. "A menos que haja telefones públicos no inferno", escrevi, "Peter está vivo."

Peter foi me ver na semana seguinte. Num tom indiferente, contou-me que fora ele, não a noiva, que escrevera para me informar de sua morte. Ele havia também interceptado meu bilhete de condolências. "Achei-o tocante", disse.

"Oh, isso *é* interessante", disse meu supervisor. "É surpreendente que não aconteça com mais frequência. Quando pensamos em todos aqueles adolescentes que dizem 'você vai ter remorso quando eu me matar' – seria de esperar que um maior número deles simulasse isso." Decidimos que eu deveria aceitar Peter em tratamento de novo se sentisse que ele estava realmente preparado para um compromisso sério.

Após várias entrevistas, Peter e eu concordamos em reiniciar suas sessões. Em última análise, seu desaparecimento e retorno provaram-se úteis, porque isso elucidou algo que nunca havíamos compreendido: a necessidade de chocar os outros.

Nas sessões que se seguiram, foi ficando claro que Peter gostava de pensar sobre o sofrimento que causava quando saía de um emprego repentinamente ou rompia uma amizade. Ele havia explodido a análise duas vezes – a primeira ao abandoná-la e depois, uma segunda vez, ao simular seu suicídio. Na primeira fase da análise, eu não havia compreendido quanto Peter gostava de perturbar violentamente outras pessoas. Mas por quê?

Seus pais haviam se divorciado quando ele tinha dois anos e logo depois a mãe se casara de novo. Durante a segunda fase de sua análise, Peter procurou o pai biológico e pôde conversar francamente com a mãe. Descobriu que ela havia traído seu pai com o homem que se tornou seu padrasto, e que tanto seu pai quanto sua mãe bebiam muito. Soube também que os primeiros anos de sua vida haviam sido muito diferentes da história que até então conhecia. Sua mãe e seu pai admitiram que não eram capazes de enfrentar os próprios problemas e que tinham sido violentos com ele quando bebê.

Peter me contou que seu pai não se lembrava de muita coisa, só que havia sido uma época horrível, muito infeliz, um casamento infeliz. "Minha mãe chorou, não parava de se desculpar", disse Peter. "Ela tinha só vinte anos quando nasci e não havia ninguém para ajudá-la. Disse que às vezes tinha a sensação de que estava ficando louca."

A confissão da mãe proporcionou certo alívio a Peter. Desde que conseguia se lembrar, ele se sentia amedrontado. Disse-me que ajudava saber que tinha medo de *algo*. Para uma criança pequena, a violência é uma experiência esmagadora, incontrolável e aterradora – e seus efeitos emocionais podem persistir por uma vida inteira. O trauma torna-se internalizado, é o que toma conta de nós na ausência da empatia de outrem. Por que então Peter atacava os que lhe eram próximos?

Seu comportamento deixava claro que ele não se permitia sentir-se fraco. A dependência lhe parecia perigosa. Sua história podia ser resumida assim: "Sou o atacante que traumatiza, nunca o bebê que é ferido." Mas Peter também se sentia obrigado a atacar a si mesmo. Ao investir contra si na igreja, ele encenara essa mesma história. Em suas palavras: "Eu pensei – seu patético chorão. Posso fazer isso com você e você não pode me deter."

Creio que todos nós tentamos compreender nossa vida contando nossas histórias, mas Peter estava possuído por uma história que não podia contar. Não tendo as palavras, ele se expressava por outros meios. Com o tempo, compreendi que seu comportamento era a linguagem que ele usava para falar comigo. Peter contava sua história fazendo-me sentir como era ser ele, fazendo-me sentir a raiva, a confusão e o choque que ele devia ter sentido quando criança.

A escritora Karen Blixen disse: "Todos os sofrimentos podem ser suportados se os inserimos numa história ou contamos uma história sobre eles." Mas e se uma pessoa não pode contar uma história sobre seus sofrimentos? E se sua história a conta?

A experiência me ensinou que nossa infância nos deixa histórias assim – histórias que nunca encontramos uma maneira de expressar, porque ninguém nos ajudou a encontrar as palavras. Quando não conseguimos encontrar uma maneira de contar nossa história, nossa história nos conta – sonhamos essas histórias, desenvolvemos sintomas, nos vemos agindo de maneiras que não compreendemos.

Dois anos depois que Peter deixou essa mensagem em minha secretária eletrônica, concordamos em interromper sua análise. Eu achava que havia mais trabalho a fazer, mas ele sentia que estava na hora.

Tudo isso aconteceu muitos anos atrás. Desde então Peter não pediu um novo encontro comigo, mas esbarrei com ele recentemente no cinema. Nós nos reconhecemos de lados opostos do lobby. Peter disse alguma coisa à mulher que estava a seu lado e os dois se aproximaram. Ele estendeu a mão e em seguida apresentou-me à sua esposa.

Sobre o riso

A SEGUNDA-FEIRA – o primeiro dia após os feriados da Páscoa – estava tépida, luminosa. Entreabri as janelas do meu consultório e em seguida fui receber minha última paciente da manhã. Lily levantou-se assim que me ouviu. "É um alívio tão grande estar aqui de volta", disse ela. "Passei um tempo louco em casa."

Lily acabava de voltar de uma viagem a Nova York para visitar seus pais com a filha de nove meses, Alice. O voo de Londres para lá fora péssimo. Depois de abrir caminho para sair do aeroporto de Nova York com Alice e toda a bagagem das duas, encontrou a mãe parada na calçada. "Ela me abraçou como sempre faz", disse Lily. "Fecha os olhos e dá tapinhas nas minhas costas – como se eu tivesse pulgas."

A mãe abriu a porta do carro, e Monty, seu golden retriever babão de mais de vinte quilos saltou para fora. "Ele enfia o focinho no meu jeans, o que é um tanto embaraçoso. E fico me perguntando por que ela trouxe um cachorro para o aeroporto – e o carro deles não é propriamente um utilitário. Minha mãe diz: 'Pensei que seria uma boa maneira de apresentá-los.' Assim, Alice fica em sua cadeirinha no banco de trás, eu fico ao lado dela, e Monty vai na frente, no banco do carona."

Durante toda a visita, os pais de Lily não demonstraram muito interesse por sua vida. Deixavam os dois aparelhos de televisão aos berros e faziam as refeições espremidos em volta do balcão da cozinha. Seu pai muitas vezes comia com o laptop aberto ao lado do prato.

"Na minha última noite lá, depois de três copos de vinho, eu disse a meus pais que quando chegasse de volta a Londres lhes mandaria um monte de fotos de Alice. Você precisa entender, há fotos em todos os cômodos da casa. Há uma fila inteira de fotos sobre o piano de cauda, mas em lugar algum se vê uma única foto de sua primeira neta.

"E minha mãe diz: 'Ah, meu Deus, você não a viu? É minha favorita!' E vai até o quarto, revolve a cômoda e saca uma foto de Alice. Sorri e diz: 'Ah, eu amo esta foto.' Em seguida é a vez de meu pai: 'Ah, eu amo essa foto.' E eu digo: 'Ah, eu também a amo.' Mas o que penso é: que merda é essa? Será que ela acha que tenho olhos de raios X?"

Reprimo uma risada.

Lily fica em silêncio por um momento. "Na última noite que passei lá tive um sonho estranho. Na verdade foi um pesadelo. O que acontecia era perturbador, mas eu não me sentia perturbada."

No sonho, Lily estava num grupo de pessoas paradas perto de um lago. Ela observava uma menina pequena nadar até uma balsa de madeira – a menina teve de se esforçar, mas conseguiu se içar com os braços.

Houve um lampejo e um estrondo de trovão. A menina estava em perigo, mas ninguém se preocupava – onde estava a mãe da menininha, o pai? Lily pediu a seus pais para tomar conta de Alice e nadou até a menina. O lago era negro e agitado; foi muito difícil manter a cabeça da menina acima da água. Quando elas chegaram de volta à margem, Lily tirou a menina da água e em seguida viu que seus pais estavam parados ali sozinhos – não havia sinal de Alice em lugar algum.

Lily tinha certeza de que esse último fragmento – *não havia sinal de Alice em lugar algum* – devia ter relação com a fotografia escondida. Mas e quanto ao resto?

"Esse sonho lembra alguma coisa a você?", perguntei.

Ele lembrava o lago perto de seu antigo internato. Todo outono, um ou dois novos alunos eram jogados no lago por algum dos meninos mais velhos. Eles costumavam escolher os meninos mais petulantes e as meninas mais bonitas. Naquelas primeiras semanas no internato – quando ela sentia tanta saudade de casa –, ficou de certo modo satisfeita por ter sido escolhida.

Nas semanas seguintes, algumas das meninas mais velhas de seu dormitório a procuraram. Elas caçoaram dela a respeito de sexo e tentaram convencê-la a visitar um dos meninos mais velhos em seu quarto. Lily tinha catorze anos e nunca beijara um menino.

Uma noite, após o jantar, uma menina mais velha levou-a para o banheiro e a ensinou a provocar náusea em si mesma enfiando os dedos na garganta. "É como chupar um pau, basta abrir a boca e deixar entrar", disse a menina.

O internato foi ficando cada vez mais esmagador. Lily consolava-se ao pensar que era inteligente e se sairia bem, de que dentro de um ou dois anos arranjaria um namorado, se apaixonaria – tudo daria certo. Mas as coisas não estavam acontecendo assim. Ela tinha problemas para comer e dormir. Nunca perdia uma aula, mas sentia-se cada vez mais agitada. "Eu não ficava deprimida; simplesmente ficava cada vez mais acelerada. Estava perdendo o controle das situações – não conseguia manter a cabeça acima da água."

"Então a menina no sonho é você", eu disse.

"Mas se sou eu, como posso cuidar de Alice?"

"O sonho deve ter sido sobre isso."

Lily admitiu que *tinha achado* difícil se concentrar em Alice quando estava com os pais. Durante sua estada ela havia regredido – sentira-se cada vez menos como seu eu adulto, cada vez menos como a mãe que era. "Era como quando a vítima do sequestro esquece o mundo externo e começa a pensar como seu sequestrador, sabe? Síndrome de Estocolmo."

Ocorreu-me que Lily estava remodelando a visita à sua casa numa série de fragmentos cômicos. A cada virada da narrativa, exatamente quando eu esperava que me dissesse que se sentira magoada ou perturbada, ela vinha com uma *punchline*, o desfecho de uma piada – "como se eu tivesse pulgas"; "será que ela acha que tenho olhos de raios X?"

Da calçada lá fora, através da janela aberta, veio o som de crianças gritando e rindo a caminho do parque da vizinhança. Enquanto Lily e eu esperávamos que elas passassem, me descobri pensando na palavra *punchline* – sua violência tão manifesta. Será que a palavra vinha de *Punch and Judy*?* Alguns meses antes, nas vésperas do Natal, uma loja da vizinhança havia alugado um teatrinho de marionetes de *Punch and Judy*. Meus filhos e eu paramos e assistimos ao espetáculo: Judy saía e deixava Mr. Punch em casa tomando conta do bebê. Como sempre, o caótico Mr. Punch esquecia-se da criança, sentava em cima dela e acabava até mordendo-a. Judy voltava, passava a mão no bastão e a pancadaria começava. Eu estava conge-

---

* *Punchline* é o clímax, o desfecho de uma piada. *Punch* é murro, soco. *Punch and Judy* é um tradicional espetáculo de marionetes, que tem como personagens principais o violento Mr. Punch e sua mulher, Judy. (N.T.)

lando e queria ir para casa; meus filhos ficaram fascinados. Permanecemos até o fim.

"Um dos problemas com as suas piadas é que podemos ter a impressão de que falamos sobre algo que a perturba – sua chegada ao aeroporto, a foto de Alice guardada na cômoda – e de fato *falamos* sobre essas coisas, mas não lidamos realmente com elas", eu disse.

"Se eu não risse das coisas deles, passaria a maior parte do tempo com raiva."

"Suas piadas são agressivas, você pratica sua vingança e se sente um pouco melhor. O humor parece funcionar: você não se sente tão magoada depois, mas também parece perder o ímpeto para compreender melhor a situação."

"Minhas piadas desarmam minha raiva, mas as desarmam a tal ponto que eu simplesmente aceito o comportamento de meus pais: paro de pensar sobre ele."

"Exatamente", eu disse.

Lily fez uma pausa e depois disse que não tinha tanta certeza. Ela *tinha*, sim, pensado sobre a situação com seus pais – *foi* um pesadelo. Mas não havia nada que pudesse ser feito.

A palavra pesadelo lembrou-me seu sonho. Eu lhe disse que estava impressionado com as palavras que havia usado logo antes de descrevê-lo: "foi um pesadelo, o que acontecia era perturbador, mas eu não me sentia perturbada."

"O objetivo do sonho pode ter sido reassegurá-la de que você pode estar num pesadelo, mas apesar disso não o sentir. Reassegurá-la de que você pode não apenas manter a cabeça fora da água, mas entorpecer-se diante do desinteresse dos seus pais", eu disse.

"Você pode imaginar o que aconteceria se eu *não* me entorpecesse?", perguntou ela. "Se meus pais soubessem o que pensei, seria o fim do que resta de nosso relacionamento. Não tenho habilidade para discutir com eles as coisas que me incomodam. Daria tudo errado. Minha mãe negaria estar fazendo qualquer coisa agressiva – ela diria: 'É só uma foto, meu bem.'" Sua voz foi perdendo a força. "Funciona, sr. Grosz – funciona."

Logo nos nossos primeiros encontros, eu notara que a voz de Lily se elevava no fim das frases, mesmo quando ela não estava fazendo uma pergunta. Essa inflexão me pressionava a falar. Na época, compreendemos que isso se devia ao fato de que meus silêncios a deixavam constrangida. Ela queria que eu falasse, de modo a detectar em minha voz se eu concordava com ela ou não.

Eu disse a Lily que pensava que ela poderia querer que eu risse por razões semelhantes. Minha risada significava que estávamos de acordo – que éramos os mocinhos, e seus pais, os vilões. Minha risada a absolvia de sua culpa – ela não tinha de se sentir mal por zombar dos pais.

Ela me disse que de fato *era* um alívio quando eu ria, e depois ficou em silêncio. Nenhum de nós falou por algum tempo. Comecei a supor que Lily consultara seu relógio e decidira que só nos restava pouco tempo para encerrar naquele dia. Tive a impressão de que ela iria sair da sala.

E então ela disse: "Eu estava me lembrando de meu colapso no internato, a experiência de ligar para casa no meio da noite de um telefone público atrás do dormitório, os insetos zumbindo em volta da luz fluorescente. Eu chorava histericamente: 'Por favor, posso ir para casa, por favor, posso ir para casa?', e me disseram: 'Não, você não pode vir para casa.' Depois, quando as coisas foram ficando cada vez piores, me forcei a ficar. Mas alguma coisa havia mudado dentro de mim. Meu colapso foi como uma fornalha e o que foi consumido pouco a pouco foi qualquer crença em meus próprios sentimentos."

Enquanto eu ouvia sua lembrança, ouvia também seu sonho, *a menina estava em perigo, mas ninguém se preocupava – onde estava a mãe da menininha, o pai?*

Ela continuou: "Mesmo agora, é difícil para mim confiar em meus sentimentos. Mas quando você ri isso significa que acredita em meus sentimentos, minha realidade. Quando você ri, sei que vê as coisas exatamente como eu – que você não teria dito não, que teria me deixado ir para casa."

Como o elogio pode causar a perda de autoconfiança

Ao me aproximar da sala de aula do maternal para buscar minha filha, ouvi a professora-assistente dizer a ela: "Você desenhou a árvore mais bonita. Muito bem." Alguns dias depois, ela apontou para outro dos desenhos de minha filha e comentou: "Nossa! Você realmente é uma artista!"

Em ambas as ocasiões, fiquei embaraçado. Como explicar à professora que eu preferiria que ela não elogiasse minha filha?

Hoje em dia, enchemos nossos filhos de elogios. Elogio, autoconfiança e desempenho acadêmico, acredita-se, aumentam e diminuem juntos. Mas pesquisas atuais sugerem outra coisa – vários estudos sobre autoestima chegaram à conclusão de que elogiar uma criança como "inteligente" pode não a ajudar na escola. De fato, pode fazê-la ter um desempenho deficiente. Muitas vezes uma criança reage a um elogio desistindo – por que fazer um novo desenho quando já se fez "o melhor"? Ou ela pode simplesmente repetir o mesmo trabalho – por que desenhar algo novo, ou fazer de uma nova maneira, se a maneira antiga sempre ganha aplausos?

Num estudo de 1998 com crianças entre dez e onze anos, as psicólogas Carol Dweck e Claudia Mueller pediram a 128 crianças que resolvessem uma série de problemas matemáticos. Depois que elas completavam a primeira série de exercícios simples, os pesquisadores diziam a cada criança apenas uma frase de elogio. Algumas eram elogiadas por seu intelecto: "Você fez realmente um bom trabalho, é tão inteligente"; outras por seu esforço: "Você fez realmente um bom trabalho, deve ter se esforçado muito." Em seguida, os pesquisadores submeteram as crianças a uma série mais desafiadora de problemas. Os resultados foram impressionantes. Os estudantes que haviam sido elogiados por seu esforço mostraram maior disposição para desenvolver novas abordagens. Eles também mostraram maior resiliência e tenderam a atribuir seus fracassos a um esforço insuficiente, não à falta de inteligência. As crianças que haviam sido elogiadas por sua inteligência inquietaram-se mais com o fracasso, tenderam a escolher tarefas que confirmavam o que elas já sabiam e exibiram menor tenacidade quando os problemas ficaram mais difíceis. Em última análise, a emoção induzida nelas quando lhes era dito "Você é tão inteligente" dava lugar a um aumento da ansiedade e a uma queda da autoestima, da motivação e do desempenho. Quando solicitadas pelos pesquisadores a escrever para crianças de outra escola contando sua experiência, algumas das crianças "inteligentes" mentiram, inflando suas notas. Em suma, para derrubar a "confiança" dessas crianças, para torná-las tão infelizes a ponto de mentir, bastou uma frase elogiosa.

Por que nos empenhamos tanto em elogiar nossos filhos?

Em parte, para demonstrar que somos diferentes de nossos pais. Em *Making Babies*, memórias sobre a experiência da maternidade, a escritora Anne Enright observa: "Nos velhos tempos – como chamamos os anos 1970 na Irlanda – uma mãe denegria seu filho automaticamente... 'Ele é um macaco', podia-se dizer, ou 'Anjo na rua, demônio em casa', ou até a minha favorita, 'Ele vai me levar cedo para a cova'. Tudo isso fazia parte da experiência de crescer num país em que elogios de qualquer espécie eram tabu." É claro que esse não era o caso da Irlanda apenas. Recentemente, uma londrina de meia-idade me disse: "Minha mãe me chamava de coisas de que eu nunca chamaria meus filhos – inteligente demais pela metade, atrevida, precoce e exibida. Quarenta anos depois, tenho vontade de gritar para a minha mãe: 'O que há de tão terrível em ser exibida?'"

Agora, onde há crianças pequenas – no playground, no Starbucks e na escola maternal – você ouvirá uma música de fundo de elogios: "Bom menino", "Boa menina", "Você é o melhor". Admirar nossos filhos pode elevar temporariamente nossa autoestima, mostrando aos que nos cercam que pais fantásticos somos e que filhos formidáveis temos – mas não é contribuir muito para o senso de identidade de uma criança. Ao nos esforçarmos tanto para sermos diferentes de nossos pais, estamos, na verdade, fazendo basicamente a mesma coisa – distribuindo elogios vazios da mesma maneira que a geração anterior distribuía críticas irrefletidas. Se fazemos isso para evitar pensar sobre nosso filho e seu mundo, e sobre o que nosso filho sente, então o elogio, tal como a crítica, está, no fim, expressando nossa indiferença.

O que me leva de volta ao problema original – se elogios não desenvolvem a confiança de uma criança, o que o faz?

Pouco após me formar como psicanalista, discuti tudo isso com uma mulher de oitenta anos chamada Charlotte Stiglitz. Charlotte – mãe do economista Joseph Stiglitz, ganhador do prêmio Nobel – deu aula para crianças com dificuldades de leitura durante muitos anos. "Não elogio uma criança pequena por fazer o que ela deveria ser capaz de fazer", disse-me ela. "Eu a elogio quando faz algo realmente difícil – como compartilhar um brinquedo ou demonstrar paciência. Também penso que é importante dizer 'obrigada'. Quando demoro para pegar um lanche para uma criança, ou demoro a ajudá-la e ela se mostra paciente, eu lhe agradeço. Mas não elogiaria uma criança que está brincando ou lendo." Nenhuma grande recompensa, nenhuma punição terrível – o foco de Charlotte incidia sobre o que uma criança fazia e a maneira como o fazia.

Uma vez observei Charlotte com um menino de quatro anos que estava desenhando. Quando ele parou e levantou os olhos para ela – talvez esperando um elogio –, ela sorriu e disse: "Há muito azul no seu desenho." Ele respondeu: "É o lago perto da casa da minha avó – há uma ponte." Ele pegou creiom marrom e disse: "Vou lhe mostrar." Sem pressa, ela conversava com a criança, mas, o que era mais importante, ela observava, ouvia. Estava presente.

Estar presente desenvolve a confiança de uma criança porque a deixa saber que ela merece que se pense a seu respeito. Sem isso, uma criança poderia vir a acreditar que sua atividade é apenas um meio para ganhar elogio, não um fim em si mesma. Como podemos esperar que uma criança seja atenta, se não formos atentos a ela?

Estar presente, seja com crianças, com amigos, ou até com nós mesmos, é sempre difícil. Mas essa atenção – a sensação de que alguém está tentando pensar a nosso respeito – não é algo que queremos mais do que um elogio?

O dom da dor

O SR. N. TELEFONOU-ME um dia no início de junho. Várias semanas antes, seu filho de 21 anos, Matt, havia apontado uma pistola de largada descarregada para um policial que tentava prendê-lo por conduta desordeira. Matt, que estava agora em liberdade sob fiança por delito grave com arma de fogo, continuava agindo de maneira imprudente. Ficava na rua até tarde bebendo com amigos e, muitas vezes, passava dias sem voltar para casa. Metia-se regularmente em brigas. Seus pais, ambos professores, começavam a aceitar o fato de que ele provavelmente acabaria na prisão.

Os pais o adotaram quando Matt tinha dois anos. O sr. N. me contou o que sabia sobre o início da vida do menino: pouco depois de dar à luz, aos dezessete anos, a mãe biológica de Matt, carregando o filho recém-nascido, saíra da casa dos pais. Mudou-se primeiro para um abrigo de emergência, indo depois de um lugar para outro. Usuária de drogas, ela era incapaz de cuidar de um bebê. Desnutrido e doente, Matt foi posto sob a tutela do Estado quando tinha um ano de idade. Após passar por diferentes orfanatos, foi finalmente adotado pelo sr. N. e sua esposa. Desde cedo, provara ser uma criança difícil e intransigente, por isso seus pais tinham decidido não adotar outra criança.

Vários dias depois, Matt foi me ver para uma consulta. Esparramou-se numa poltrona diante de mim e começou a falar muito abertamente sobre os problemas que enfrentava. Contou-me sobre dois homens, irmãos, que moravam perto de sua casa e estavam a fim de pegá-lo – esses homens eram perigosos e tinham apunhalado um conhecido seu. A situação de Matt era alarmante, mas, à medida que ele falava, comecei a perceber que ele próprio não se sentia particularmente assustado. Nada parecia estar faltando em seu discurso; sua fala era enérgica e clara. Mas senti dificuldade em me envolver em sua história. Eu era facilmente distraído pelos sons dos carros que vinham lá de fora do consultório e várias vezes me peguei pensando nas coisas que tinha de fazer na rua na hora do almoço. De fato, cada tentativa que fazia de entrar na história de Matt, de registrar suas palavras, era infrutífera.

Esse tipo de discrepância entre o que uma pessoa diz e o que ela nos faz sentir não é incomum – pense no amigo que lhe telefona quando você está para baixo, fala com você num tom encorajador, solidário, mas que o deixa se sentindo pior. O descompasso entre as palavras de Matt e os sentimentos que ele provocava em mim era enorme. O rapaz estava descrevendo uma vida assustadora, mas eu não me sentia assustado por ele. Sentia-me atipicamente pouco sensibilizado.

Ao tentar compreender minha indiferença, imaginei uma série de cenas de seus primeiros meses. Vi um bebezinho chorando – estou com fome, alimente-me; estou molhado, troque-me; estou assustado, pegue-me no colo – e sendo ignorado por uma mãe insensível. Tive a ideia de que uma consequência das primeiras experiências de Matt poderia ter sido que ele não sabia como fazer alguém sentir interesse por ele porque não aprendera isso com a mãe. Ele parecia nunca ter adquirido uma habilidade de que todos precisamos: a habilidade de fazer outra pessoa se preocupar conosco.

E o que Matt sentia? Ele também parecia indiferente à sua própria situação. Quando lhe perguntei o que sentiu quando foi detido pela polícia, ele respondeu: "Estou tranquilo. Por quê?" Tentei de novo. "Você não parece muito ansioso com relação a si mesmo", eu disse. "Você poderia ter levado um tiro." Ele deu de ombros.

Comecei a me dar conta de que Matt não registrava suas próprias emoções. No curso de nossa conversa de duas horas, ele pareceu pegar e usar minhas descrições de seus sentimentos ou inferir suas emoções a partir do comportamento de outros. Por exemplo, ele disse não saber por que tinha apontado a arma para o policial. Sugeri que talvez estivesse com raiva. "Sim, eu estava com raiva", respondeu Matt. "O que você sentiu quando ficou com raiva?", perguntei. "Você sabe, a polícia, eles estavam com raiva de mim. Meus pais estavam com muita raiva de mim. Todo mundo estava com raiva de mim", respondeu ele. "Mas o que você sentia?", insisti. "Eles estavam todos realmente gritando comigo."

Tipicamente, o que leva um paciente potencial a uma consulta é a pressão de seu sofrimento imediato. Nesse caso, fora o pai de Matt, não o rapaz, que telefonara pedindo uma entrevista. Matt tinha aprendido desde muito cedo a amortecer seus sentimentos e desconfiar dos que lhe ofereciam ajuda. Nosso encontro não foi diferente. Matt não sentia dor emocional suficiente para superar suas suspeitas e aceitar meu oferecimento de um novo encontro.

Em 1946, quando trabalhava num leprosário, o médico Paul Brand descobriu que as deformidades da lepra não eram parte intrínseca da doença, mas sim uma consequência da progressiva devastação de infecção e ferimento, que ocorria porque o paciente era incapaz de sentir dor. Em 1972 ele escreveu: "Se eu tivesse um dom a oferecer às pessoas que têm lepra, este seria o dom da dor." Matt sofria uma espécie de lepra psicológica; incapaz de sentir sua dor emocional, ele estava fadado ao perigo de se prejudicar de maneira permanente, talvez fatal.

Depois que Matt deixou meu consultório e antes que eu fizesse meus apontamentos, fiz o que faço por vezes depois de uma consulta espinhosa, perturbadora. Andei até a esquina para comprar um café para viagem e em seguida voltei ao meu consultório para me desligar lendo sabe-se lá o que na internet. A verdade da questão é essa: há um pouco de Matt em cada um de nós. Uma vez ou outra, todos tentamos silenciar emoções penosas. Mas quando conseguimos não sentir nada, perdemos a única maneira que temos de saber o que nos fere, e por quê.

Um abrigo seguro

"UM MOMENTO", diz ele, "esqueci de pendurar o aviso de não perturbe na porta."

Ouço meu paciente pousar o fone, atravessar o quarto, abrir e fechar uma porta. Ouço o som abafado de seus passos voltando e imagino seu quarto de hotel. Calculo a hora – são 17h45 em Bruxelas.

Ele pega o fone. "Perdão. Eu devia ter feito isso antes de ligar. Eu estava pensando sobre uma coisa."

Ouço-o tomar um gole de chá ou café e pôr uma xícara de volta no pires.

"Você sabe o que é um abrigo de segurança?", pergunta ele. Conta-me que assistiu a um programa na BBC sobre americanos que estão construindo salas de segurança ou casas de segurança de luxo. "Você pode imaginar o tom sarcástico, antiamericano da reportagem: 'Veja com o que esses americanos malucos estão gastando seu dinheiro agora.' Mas o efeito sobre mim foi precisamente o oposto do pretendido pelos produtores. Fiquei tocado."

Uma cena em particular o havia impressionado – um pai e o filho adolescente, sentados no chão do quarto. O pai mostra ao filho algumas das coisas que guarda numa caixa de papelão debaixo da cama – kit de purificação de água, um potente rádio automático de várias faixas, um carretel de linha de pescar.

Ele diz ao filho que depois do apocalipse não haverá nenhum supermercado onde se possa comprar peixe.

Meu paciente se identifica com esse homem. O pai está gastando todas as suas economias para tentar proteger a família. Ele quer apenas se sentir seguro. "Isso é loucura, ele é louco – mas eu compreendo isso." Ele me diz que teme ser igual a esse pai, sempre se preparando para alguma calamidade.

Ouço-o tomar mais um gole. "Eu sou igualmente doido, sempre pensando sobre minha casa na França", diz ele. "Nunca lhe contei sobre ela."

A primeira coisa que ele quer que eu saiba sobre essa casa é que ela não é grandiosa. Não é um castelo imponente – é, de fato, uma casa de fazenda, cercada por campos e florestas. Ela tem à sua volta aquele silêncio profundo que encontramos nas matas da Escócia – o oposto de Londres. Não há nenhum barulho, nenhuma perturbação. Ele não precisa ver as casas de grandes banqueiros dos vizinhos.

Na verdade, várias semanas antes, ele recebera uma carta do conselho municipal sobre a permissão solicitada por seus vizinhos londrinos para aumentar suas já vulgares, exageradamente pomposas, casas na cidade. Era impossível para ele pensar no assunto, tal a sua irritação. Claro que deveria ter escrito ao conselho fazendo objeção à tal permissão, "mas não consegui. Minha mulher teve de fazer isso. Pensei sobre a casa na França – e isso me acalmou".

E há ocasiões – como acontecera minutos antes – em que sua mulher sai do quarto de hotel antes que chegue a hora de a sessão começar, momentos em que ele fica sozinho, em que se imagina na casa na França. "Ainda não está na hora de ligar, há um espaço, uma lacuna, e quando me dou conta lá estou – perdido em minha louca arquitetura."

Pergunto o que quer dizer com "louca".

Ele diz que o que a torna louca são suas incessantes modificações, sua reconfiguração. Ele pensa em redecorar, reformar – acrescentar cômodos, portas, janelas. "Como seria a vista se eu mudasse a forma desse quarto, girasse a casa sobre seu alicerce, ou a removesse para o topo do morro vizinho? Tenho muitos pensamentos desse tipo, e então imagino as mudanças."

Ele relata que é muito difícil falar sobre tudo isso – mais do que falar sobre sua depressão, ou seus ataques de pânico. Não o surpreende estar me contando durante uma sessão telefônica – é mais fácil dessa maneira, menos embaraçoso.

Nessa noite, por exemplo, depois que sua mulher, Anna, havia saído e enquanto esperava pelo início de nossa sessão, ele tinha imaginado trocar tudo o que tem para deixar a casa no ponto. Ele abriria mão de sua casa em Londres e de todos os seus bens, provavelmente de seu cargo no governo também, mas o que ganharia em troca seria isso: uma renda de quinhentas libras por semana e, também, a casa exatamente como gostaria que ela fosse.

O objetivo dessa troca não é obter uma coisa luxuosa, ao contrário – amigos iriam se perguntar por que ele fora reduzido a essa casa simples numa região rural deserta da França. Por que abrira mão de tanto conforto? "Nós nos tornaríamos discretos, modestos – nada invejáveis, absolutamente."

Ouço-o tomar mais um gole.

"É meu abrigo de segurança", diz ele. Quando está preso numa reunião inútil, ou sozinho num hotel vagabundo – ou quando está em Londres e Anna dá uma saída para fazer compras –, ele se imagina em sua casa na França, e pensa sobre essas mudanças possíveis.

Digo-lhe que se sentir isolado, ou separado de Anna, parece deixá-lo ansioso e irritado – a separação o perturba. Talvez ele pense sobre sua casa na França para recobrar o equilíbrio.

Ouço-o tomar um gole e devolver a xícara ao pires. "Pensei que você ia dizer que penso na minha casa na França quando a realidade me parece intolerável. Mas, sim", ele me diz, "a separação *de fato* me perturba."

Depois de Oxford, ele conta, mas antes de ir para Harvard, ele e Anna passaram o verão na Itália. Até então, ele só estivera umas duas vezes em Paris. Viajar de cidade em cidade o deixou ansioso; ele não conseguia se livrar do desconfortável sentimento de que de alguma maneira iria se perder de Anna, de que se viraria e ela teria desaparecido. Toda manhã, antes de saírem de sua *pensione*, ele a fazia prometer que, caso se separassem, ela se dirigiria imediatamente para o centro da cidade, para os degraus da catedral. "Sempre que imagino a casa na França, vejo Anna na sala de estar, esperando por mim – é como a catedral, nosso ponto de encontro."

Ouço-o andar pelo quarto. "Não se preocupe, sr. Grosz, estou me servindo de um pouco mais de chá, não estou no banheiro."

Há dias, ele me conta, em que pensa continuamente sobre a casa: visualizando uma cor de tinta diferente em seu quarto, um portal maior em outro. Ele esboça plantas baixas, vistas do interior. Hoje, durante uma reunião, esboçou uma vista do corredor, da porta da frente até a cozinha. Se eu lhe perguntasse o que há na despensa, ele seria capaz de nomear os itens sobre cada prateleira. Mas ele pensa principalmente nos quartos, sua reforma, suas proporções. É absurdo, diz, conhece essa casa melhor do que seu lar em Londres.

Deve ser uma fuga do mundo real, ele me diz. A casa na França deve estar ligada a algum lugar de faz de conta que inventou quando criança. Ele detestava as brigas de seus pais embriagados, os ataques de cólera da mãe, seu temperamento violento. "Eu estava sempre debruçado num livro, ou envolto num devaneio, tentando escapar do barulho das brigas constantes dos dois. Você provavelmente dirá que eu estava tentando escapar do barulho das brigas *e* do ódio que sentia deles – o que é verdade."

Ele me diz estar envergonhado por não poder ficar sentado durante alguns minutos sozinho num quarto de hotel como uma pessoa normal. Eu não entendo isso, diz, "temo que minha arquitetura solape meu senso de realidade".

"Talvez", eu digo. "Mas é possível que sua arquitetura o ajude a preservar seu senso de realidade. Você não fica pensando em sua casa na França o tempo todo. Parece ser algo que faz quando está se sentindo só, assustado ou com raiva."

"É uma leitura muito caridosa do que estou tentando descrever, mas não estou certo. Isso não explica minha redecoração incessante, ou minha 'negociação' bizarra – o 'vou abrir mão de tudo contanto que possa ter'... não importa o quê."

Não, digo, não explica as trocas. "Isso parece mais o tipo de coisa que uma criança assustada poderia fazer."

Ouço-o mover-se de novo, talvez levantar-se.

Ele me diz que há um conto de Joyce, acha que está em *Dublinenses*, que leu durante seu primeiro ano na universidade, mas que nunca mais voltou a ele desde então – o desfecho era inquietante, perturbador demais. No fim da história, o pai – que havia bebido – volta para casa e descobre que sua mulher está na igreja e que seu filho deixou o fogo apagar. O pai terá de esperar pelo jantar e o menino pequeno tenta acalmá-lo. Ele diz ao pai que fará seu jantar, mas o pai não se aquieta. Passa a mão numa bengala, enrola as mangas da camisa e, em seguida, começa a bater no menino. Não há como escapar. O pai, bêbado, continua golpeando o filho vezes sem conta. Há sangue. O menino está suplicando e depois começa a negociar – "Não me bata, papai, não me bata e eu rezo uma ave-maria por você. Vou rezar uma ave-maria por você, papai, se não me bater."

Essa era a sensação quando sua mãe o estapeava e o socava – "Não me bata, mamãe, vou ser bom, vou ser um bom menino, mamãe." E quando isso não funcionava, ele me conta, "Eu suplicava a Deus. Vou lhe dar qualquer coisa, tudo, se você pelo menos me proteger. Por favor, Deus, por favor."

Ouço-o respirar. Tenho a sensação de que ele está segurando o choro. Diz: "Sr. Grosz?"

"Sim?"

"Minha casa tem uma porta mágica."

"Uma porta mágica?"

Um ano antes, ele estava num voo longo que fazia escala em Hong Kong. Uma hora depois de deixar Hong Kong, ouviu-se um estrondo, em seguida o som de vento correndo pela cabine. As máscaras de oxigênio se desprenderam. O avião perdeu altura rapidamente. Ele achou que ia morrer. "Pensei que se eu pudesse pelo menos me levantar e abrir a porta da cabine de comando, entraria em minha casa. Poderia ficar em casa, em segurança. Eu estava prestes a tirar a máscara de oxigênio e destravar meu cinto de segurança quando o avião se equilibrou."

Um trem do metrô enguiçado, o tráfego engarrafado – ele pode se levantar e sair por essa porta, direto para sua casa.

Grande parte de seus pensamentos tem por objeto essa porta mágica – do que ele tem de abrir mão para possuí-la? "É uma maluquice", ele diz, "não é?"

Digo que não acho maluquice. Um menino pequeno que está sendo socado daria qualquer coisa por uma porta mágica.

"Não penso muito sobre a minha infância. E quando penso, não me lembro de muita coisa. Tudo parece tão distante no tempo, morto. Penso comigo mesmo que essa *foi* minha infância – não que essa *é* a minha infância. Ela não está viva em mim."

Nenhum de nós fala. Após cerca de um minuto, temo de repente que a ligação possa ter caído.

"Ainda estou aqui", ele diz. Fica em silêncio por um momento. "Pelo meu relógio, nosso tempo está quase no fim. Não quero dizer mais nada agora. Amanhã tenho um coquetel, por isso precisarei interromper quinze minutos mais cedo, lamento muito."

"Obrigado por me informar."

"Sr. Grosz?"

"Sim?"

"Na verdade, não tenho uma casa na França. Sabe disso, não é?"

Mentir

Sobre segredos

A carta de seu médico o descrevia como um mentiroso patológico – poderia eu submetê-lo a uma avaliação, quem sabe tratá-lo?

Philip foi me ver para uma entrevista num mês de abril, faz alguns anos agora. Seu médico decidira encaminhá-lo a mim depois de encontrar por acaso a mulher dele numa livraria. Ela segurara a sua mão, contendo as lágrimas. Quem sabe seria uma boa ideia, ela perguntou, eles conversarem sobre as opções de tratamento que restavam para o câncer de pulmão de Philip?

Durante o primeiro encontro comigo, Philip (que gozava de perfeita saúde, como seu clínico geral me dissera) relatou algumas de suas mentiras recentes. Numa reunião na escola da filha, ele havia contado para a professora de música que era filho de um famoso compositor – um homem amplamente conhecido como solteiro e gay. Pouco antes, dissera a seu sogro, um jornalista esportivo, que certa vez tinha sido reserva da seleção de tiro com arco do Reino Unido. A primeira mentira que ele podia se lembrar de ter contado fora para um colega de classe. Quando tinha onze ou doze anos, insistia que havia sido recrutado pelo MI5* para ser treinado como agente. Ele des-

* Serviço de inteligência do Reino Unido. (N.T.)

creveu a advertência do diretor de sua escola: "Pelo amor de Deus – se você vai mentir, pelo menos trate de mentir melhor."

O diretor estava certo, Philip era um péssimo mentiroso. Embora cada mentira parecesse feita sob medida para deixar o ouvinte impressionado, elas eram também desnecessariamente excessivas – extremamente arriscadas. "Parece que você não se preocupa que as pessoas pensem que é um mentiroso", eu lhe disse.

Ele deu de ombros.

Contou-me que raramente era contestado. Sua mulher não o confrontou a respeito de sua milagrosa recuperação, assim como pareceu aceitar a notícia de seu câncer. Outros, como o sogro, ficavam quase certamente céticos, mas também permaneciam em silêncio. Quando lhe perguntei sobre o efeito de suas mentiras em sua carreira – Philip trabalhava como produtor de televisão –, ele me respondeu que todos na indústria mentiam. "É parte do conjunto de habilidades."

Até onde pude perceber, Philip não se punha no lugar daqueles para quem mentia – em geral, parecia simplesmente não se importar. Isto é, até a semana que precedera nosso primeiro encontro. Sua filha de sete anos havia pedido ajuda com um dever de casa de francês; ser fluente na língua era algo de que ele sempre se gabava. Agora, em vez de admitir o contrário, disse à menina que simplesmente não conseguia se lembrar dos nomes dos animais da fazenda do livro de exercícios. Ela ficou em silêncio e desviou os olhos – Philip viu a filha compreender que ele havia mentido.

Durante toda a consulta, fiquei impressionado com a sua franqueza. Mas eu sabia que se fosse ser ele mesmo comigo – se fosse trazer sua pessoa inteira para o nosso trabalho –,

Philip iria, em algum momento, mentir para mim. E isso não demorou muito a acontecer. Após um mês de tratamento, ele parou de me pagar. Disse que havia perdido o talão de cheques, mas que acertaria comigo assim que o encontrasse. No mês seguinte disse que havia doado seu salário para o Freud Museum.

Após cinco meses de lorotas, falei que teríamos de encerrar o tratamento no fim do mês, a menos que ele saldasse a sua dívida. Quando estava prestes a sair depois do que deveria ter sido nossa última sessão, ele tirou um cheque do bolso e me entregou.

Fiquei aliviado por ser pago, mas incerto sobre o que havia acontecido entre nós. Philip contava mentiras cada vez mais descaradas e eu me tornava cada vez mais retraído – mais cauteloso quando falava. Ele era, eu compreendia agora, especialista em amarrar seu ouvinte na convenção social de que enfrentamos mentiras com polido silêncio. Mas por quê – a que possível finalidade psicológica seu comportamento servia?

Lutamos com essa questão durante o ano seguinte do tratamento. Exploramos a ideia de que mentir era uma maneira de controlar os outros, ou de compensar um sentimento de inferioridade. Falamos sobre seus pais – o pai era cirurgião, e a mãe fora professora primária até a morte, pouco antes de Philip fazer doze anos.

Então, um dia Philip descreveu uma lembrança da infância que até então lhe havia parecido banal demais para ser mencionada. A partir dos três anos, ele passou a compartilhar o quarto com os irmãos gêmeos, que dormiam em berços perto dele. Às vezes acordava durante a noite com o barulho das pessoas que gritavam ao sair do pub do outro lado da rua. Muitas vezes percebia que precisava ir ao banheiro, e sabia que devia se levantar e andar pelo corredor, mas continuava na cama, imóvel.

"Eu costumava fazer xixi na cama quando criança", disse-me Philip. Ele descreveu que embolava o pijama úmido e o empurrava para debaixo das cobertas, para encontrá-lo debaixo de seu travesseiro na hora de dormir, lavado e bem dobrado. Nunca conversara sobre isso com a mãe, e, até onde sabia, ela nunca contara para ninguém, incluindo seu pai. "Ele teria ficado furioso comigo", disse Philip. "Acho que ela pensava que eu superaria aquilo. E superei, quando ela morreu."

Philip não conseguia se lembrar de alguma vez ter ficado sozinho com a mãe. Durante a maior parte de sua infância ela estivera ocupada demais tomando conta dos gêmeos. Ele não tinha nenhuma lembrança de ter algum dia conversado a sós com ela; um de seus irmãos ou o pai – alguém – estavam sempre presentes. Seu costume de molhar a cama e o silêncio da mãe transformaram-se pouco a pouco numa conversa privada – algo que só eles dois compartilhavam. Quando a mãe morreu, a conversa foi abruptamente interrompida. E assim Philip começou a improvisar outra versão de seus diálogos com ela. Ele contava mentiras que provocariam confusão e, em seguida, esperava que seu ouvinte não dissesse nada, tornando-se, como sua mãe, seu parceiro num mundo secreto.

As mentiras de Philip não eram um ataque à intimidade – embora por vezes tivessem esse efeito. Elas eram sua maneira de manter a proximidade, sua maneira de agarrar-se à mãe.

Sobre não estar num casal

MICHAEL D. TELEFONOU para marcar uma hora. "Eu era paciente do dr. H.", disse ele.

É política de minha sociedade profissional que cada membro designe outro psicanalista para encerrar sua clínica – cuidar dos pacientes e descartar cuidadosamente quaisquer anotações confidenciais ou correspondência – na eventualidade de sua morte súbita. Eu havia concordado em tomar conta dos assuntos do dr. H., mas quando sua morte chegou, ela não foi inesperada. Ele sabia que estava muito doente de um câncer de pulmão, e, nos meses anteriores à sua morte, ele mesmo encerrou sua clínica. Algumas semanas antes de morrer, me disse: "Meus pacientes estão todos encaminhados, você não deverá ouvir falar de nenhum deles." Assim, quando Michael D. me ligou, quase dois anos depois, fiquei um pouco surpreso.

Combinamos uma hora para nos encontrarmos. Eu estava prestes a desligar quando ele perguntou: "Você não se lembra de mim, não é?"

"Desculpe", eu disse.

"Não há razão para que se lembre." Ele me contou que havíamos nos encontrado há quase vinte anos; ele tinha 27 anos na época. "Você não tinha hora, encaminhou-me para o dr. H."

Enquanto ele falava, comecei a me lembrar. Ele tinha vindo para uma entrevista, pouco antes do dia de seu casamento. Eu não conseguia visualizar seu rosto, mas tinha uma imagem sua de jeans, camiseta e tênis, e havia nele algo de embaraçado, infantil. O que eu me lembrava bem era a maneira como ele entrara em minha sala, segurando uma única folha de papel pautado. Ao se sentar, disse: "Fiz algumas anotações." A folha parecia ter sido dobrada e redobrada.

Volta e meia ele consultava o papel, no qual havia feito uma lista de perguntas para mim: "Devo deixá-la ficar com a aliança de noivado?" "Conto a meus melhores amigos que tenho dúvidas sobre minha sexualidade?" "Devo dar alguma explicação aos convidados, não quero mentir – o que digo às pessoas?" "Preciso telefonar para todos eu mesmo, ou mamãe e papai podem fazer isso por mim?"

Não consegui me lembrar de como havia lidado com essas questões. Disse que ele parecia muito ansioso e que ter escrito aquelas perguntas o ajudava a se sentir menos confuso, mais seguro. Durante as duas horas em que conversamos, ele não soltou o papel uma única vez.

Pouco a pouco, a maneira como eu entendia o papel mudou. Talvez fosse o fato de ele o agarrar com tanta força, mas o papel foi dando cada vez menos a impressão de ser uma parede entre nós e ficando mais parecido com um ursinho de pelúcia surrado que é preciso levar para toda parte. No fim da consulta, quando ele vestia o casaco, me ouvi perguntando – como um pai tentando assegurar que seu garotinho não deixou algum brinquedo querido para trás – se ele havia se lembrado de seu pedaço de papel.

"Sim, agora me lembro de você", eu disse. Acrescentei que estava impaciente para vê-lo de novo. Despedimo-nos e desligamos.

Após pegar minhas anotações sobre Michael, sentei-me à escrivaninha. As páginas confirmaram mais ou menos o que eu lembrava.

Dois dias antes da primeira consulta, ele havia cancelado seu casamento. Tudo acontecera de maneira repentina. No fim de semana anterior, ele e a noiva, Claire, tinham ido ao casamento de um amigo. Ao dirigir de volta para Londres, ele se convenceu de que em algum momento, depois de ter filhos, ele iria acordar e descobrir que era gay. Enquanto Claire cochilava no banco do carona, ele repetia silenciosamente: "Eu não sou gay, eu não sou gay, eu não sou gay." Após uma noite insone, disse a Claire que não podia se casar com ela, não sabia quem era ou o que queria, talvez fosse gay.

Perguntei a Michael por que achava que era gay; estava tendo relações sexuais com um homem? Não, ele respondeu. Fantasiava sobre ter relações sexuais com um homem? Não, ele disse. Tinha tido *alguma vez* relações sexuais com um homem? Não, de novo. Quando perguntei sobre sua noiva, ele me disse que estava com Claire havia três anos e tinham passado a morar juntos recentemente. Sim, faziam sexo com regularidade, quatro ou cinco vezes por semana. "Você se vê pensando em homens quando está fazendo sexo com Claire?", perguntei. Não, ele respondeu.

"Sinto muito", eu disse. "Não compreendo. Por que você acha que é gay?"

"Então você não acha que sou gay?", respondeu ele.

"Estou tentando compreender por que você acha que é gay."

"Meu medo é descobrir que sou gay – depois de ter tido filhos. É uma enorme responsabilidade ter filhos."

"Você está com receio de que possa sentir desejo sexual por seus filhos?", perguntei.

"Não, de jeito nenhum", ele respondeu.

A partir de minhas anotações, ficava claro que havíamos andado em círculos por algum tempo. Michael parecia sentir profunda ansiedade em relação a si mesmo, algo que, ele estava convencido, tinha a ver com sua sexualidade, mas não consegui obter uma ideia clara do que o atemorizava. Ele me contou que iniciara sua vida sexual tarde, que Claire fora sua primeira e única namorada. A certa altura, disse que a paixão dela lhe parecia embaraçosa, mas não pôde se explicar melhor. E embora tudo o que Michael havia me relatado parecesse ter uma possível importância, não pude compreender o que ele tinha em mente quando se dizia preocupado com sua sexualidade.

Tinha anotado também que ele parecia incapaz de suportar a perda que o casamento acarreta. Com isso eu queria dizer não só a perda da condição de criança, mas também de certas possibilidades que estavam abertas para ele, mas que agora se fechavam. Da mesma forma, ele estava preso por sua imaturidade; era positivamente adolescente em sua falta de empatia. Não parecia ter muita noção da dor que havia causado à noiva. Por sua descrição dos acontecimentos, ficou claro que ela estava em estado de choque.

Michael me disse que seus pais e amigos achavam Claire uma moça maravilhosa – inteligente e afetuosa. Ele concordava. Todos estavam convencidos de que ele a perderia se não a pedisse em casamento. Ele se viu então dizendo a ela que queria casar e ter filhos, pedira-lhe a mão, e eles haviam encontrado uma casa e estavam planejando a cerimônia. Achava que era isso o que devia fazer, mas cá estava – sentia que não podia ir em frente.

Decerto ele precisou de coragem para cancelar o casamento, era o que eu queria pensar, mas sua maneira de voltar atrás parecia quase tão irrefletida quanto fora sua maneira de seguir em frente. E a questão de sua sexualidade não estava tampouco muito certa – suspeitei que era a única desculpa que ele acreditava aceitável.

Era evidente que Michael estava desesperado para cancelar o casamento, mas não podia dizer nem compreender por quê. Na época, concluí que ele estava deprimido. Precisava imediatamente de um terapeuta experiente que pudesse ajudá-lo a entender melhor a causa de sua depressão e ter uma visão mais clara de seus temores subjacentes.

Havia mais um ponto em minhas anotações, e talvez essa tenha sido a razão por que não reconheci sua voz ao telefone – eu senti que não havia feito um bom contato com ele.

Durante uma consulta, tenho de colher informações – a história de vida do paciente, a história de seus problemas –, mas o mais importante é que o paciente deve sair de nosso primeiro encontro sentindo que foi ouvido. Ao fim, deve sentir que o que veio para dizer, precisava dizer, foi dito, ouvido e considerado. Há um momento na sessão em que as coisas se encaixam, em que ambos sentem que houve um entendimento. Quando isso ocorre, paciente e analista têm a impressão de que a consulta está terminada, o que era necessário foi feito – mas isso não havia acontecido com Michael.

No fim de nosso encontro, fiquei com a impressão de que nada do que eu havia exposto realmente causara qualquer impacto. Quando chegou a hora de nos despedirmos, senti-me vagamente derrotado. Consolei-me com o pensamento de que Michael estava menos interessado em ser ouvido do que em obter algo de mim – ele queria terminar seu noivado e parecia querer minha permissão. Senti que tinha vindo para que lhe dissesse alguma coisa que pudesse levar de volta à noiva e aos pais, como um atestado médico isentando-o do casamento, para sempre.

O único outro documento na pasta era uma cópia de minha carta, descrevendo a consulta e encaminhando Michael ao dr. H. "Quem sabe?", eu tinha escrito. "Talvez ele precise apenas encontrar a pessoa certa."

Sentado à escrivaninha, fechando a pasta, perguntei a mim mesmo – o que teria sido feito de Michael durante os anos de terapia? Estaria ele agora casado e com filhos? E o que o havia demovido de casar com Claire? Devolvi a pasta ao armário e fechei o consultório.

Alguns dias depois, como planejado, Michael chegou para a entrevista. Ele tirou o paletó e sentou-se na cadeira. Enquanto ele percorria a sala com os olhos, peguei-me olhando para sua mão esquerda a fim de ver se usava uma aliança. Não usava. "Nós dois temos um pouco mais de cabelos brancos", disse ele.

Ficamos em silêncio por um momento. "Como posso ajudar?", perguntei.

Ele se empertigou na cadeira e em seguida disse: "Uma das coisas que o dr. H. e eu compreendemos foi que a psicanálise não pode realmente me ajudar. Para ser franco, minha análise com o dr. H. foi em certa medida um fracasso – mas esse fracasso teve certo valor em si mesmo."

Eu disse que não tinha certeza de estar entendendo o que ele queria dizer.

Por um momento Michael pareceu perdido na contemplação de algo visível somente para si. Em seguida, perguntou: "Conhece a história de Kafka e Felice Bauer?"

Kafka passou cinco anos intensamente envolvido com Bauer, enviando-lhe várias cartas por dia. Ela morava em Berlim, ele em Praga – não era uma grande distância, mesmo para a época, mas durante os cinco anos em que foram noivos, os dois só se encontraram dez vezes, em geral por não mais que duas horas.

"Se você ler as cartas de Kafka", disse Michael, "fica claro que ele estava sempre atormentado – ansioso para saber aonde Felice ia, quem ela via, o que estava comendo ou usando. Kafka queria respostas imediatas para suas cartas, e ficava furioso quando não as recebia. Ele a pediu em casamento duas vezes e rompeu o noivado duas vezes – o casamento nunca aconteceu. Para Kafka, estar separado de Bauer era insuportável. A única coisa mais perturbadora era sua presença.

"Kafka entrou nesse tipo de relacionamento muitas e muitas vezes", disse-me ele. "Hoje em dia, diríamos que era um esquizoide ou sofria de alguma forma branda da síndrome de Asperger, mas isso não transmite o essencial. A pessoa que ele mais evitava era aquela de quem se sentia mais dependente – a pessoa que mais queria.

"Essa é a minha história – com Claire, com o dr. H. Quanto mais o tempo passava, mais eu dependia do dr. H., mais necessidade sentia de sua ajuda, e mais me via faltando às sessões e querendo parar a análise de vez."

Michael me contou que ao começar com o dr. H. estava deprimido – envergonhado da maneira como suspendera o casamento, constrangido pelas coisas que havia dito às pessoas. Abriu mão de sua bolsa de pesquisa em matemática e arranjou um emprego no setor bancário, fazendo modelos computacionais. Após cerca de seis meses, havia encontrado um novo apartamento e começou a gostar de seu trabalho.

"Me senti um pouco melhor. Como a terapia dera tão certo a princípio, passou-se algum tempo antes que qualquer um de nós percebesse algumas coisas óbvias: como minha necessidade de controlar a distância entre nós. Normalmente, as pessoas vão ficando cada vez mais próximas com o correr do tempo. Não consigo fazer isso. Minha confiança não parece se aprofundar – não muito, de toda maneira."

A situação ficou clara depois de outro rompimento com uma namorada. Ele mantivera um relacionamento com uma mulher que morava em Nova York. A maior parte do contato entre eles se dava por telefone. Todo dia, depois que ela chegava em casa de volta do trabalho, e pouco antes que fosse se deitar, Michael lhe telefonava. Eles se viam uma vez a cada três meses.

"Ela achava que deveríamos nos ver com mais frequência – eu achava isso também. Não é o que se espera que aconteça? Mas eu simplesmente não conseguia fazer isso – conversamos sobre meu medo da intimidade, meu medo do compromisso, meu medo de me tornar pai. Quando ela se propôs a mudar para Londres, entrei em parafuso – foi como tinha sido com Claire. Eu simplesmente não podia fazer aquilo, e rompemos.

"Penso que o dr. H. tinha dificuldade em acreditar que eu era genuinamente mais feliz sozinho – eu também achei difícil enxergar isso a princípio. Como ele, eu achava que tinha algum tipo de bloqueio que me impedia de querer intimidade", disse Michael.

Perguntei se ele e o dr. H. tinham chegado a alguma conclusão sobre a razão pela qual se sentia assim.

"Eu poderia lhe contar uma porção de coisas diferentes, mas o fato é que, quando estou numa relação, quando faço parte de um casal, sinto que estou desaparecendo, morrendo – perdendo o juízo."

Enquanto ele falava, senti-me cada vez mais desconfortável. Reconheci que meu pressentimento durante nossa consulta original – que ele queria um atestado médico, dispensando-o do casamento, para sempre – estava correto, mas eu tinha desconsiderado isso com meu gracejo para o dr. H.: "Talvez ele precise apenas encontrar a pessoa certa."

Quase como se estivesse lendo minha mente, Michael disse: "Muita gente, em especial psicanalistas, supõe que a felicidade só pode ser encontrada num casal – mas nem todos nós fomos feitos para relacionamentos."

"Você acha que eu o avaliei mal, entendi as coisas erradamente em nossa primeira consulta?" perguntei.

"Você estava tentando compreender o que deu errado entre mim e Claire. A maioria das pessoas acha que sou tímido, ansioso ou que tenho baixa autoestima. Você não achou isso, mas pensou que a terapia poderia me ajudar a entrar num relacionamento – o que estava errado."

Ele se inclinou para a frente. "Não se sinta mal, esse é um erro que todos cometem, e eu mesmo ainda o cometo, em relação a mim mesmo. Mas é assim, no minuto em que sinto que encontrei a distância certa, as regras mudam, e parece que o outro está perto demais.

"O amor não pode mudar o que está errado em mim", disse Michael, "porque o amor parece ameaçador. É o que fez com que eu me descontrolasse antes de meu casamento. Ser amado é o problema, porque amor é uma exigência – quando você é amado, alguém quer mais de você."

"É isso que você pensa que não vi – que os psicanalistas não veem."

"Sim, mas eu também levei um longo tempo para ver o que é certo para mim – quem eu sou – e aceitar isso."

Ouvi vozes de transeuntes na calçada do lado de fora de minha janela. "Não tenho certeza de compreender o que você quer de mim", eu disse. "Como posso ajudar?"

"Sinto falta do dr. H.", ele respondeu. "Sinto falta de nossas conversas. Ele me ajudou a encontrar as palavras para descrever minha situação – e contar-lhe isso agora faz com que eu me sinta melhor, menos sozinho. Não sou capaz de intimidade, mas posso me sentir solitário. Gostaria de vir vê-lo quando precisasse."

Esperei para ouvir se Michael queria me dizer mais alguma coisa.

"Posso fazer isso?", ele perguntou. "Você está de acordo?"

E foi o que combinamos.

Paixão pela ignorância

SUSPEITEI DURANTE MUITO TEMPO que o marido de minha paciente estava tendo um caso, mas, é claro, não podia ter certeza.

Alguns anos depois de me formar como psicanalista, quando tinha 39 anos, comecei a atender uma paciente que chamarei de Francesca L. Ela foi me ver por recomendação de seu clínico geral, pois sofria de depressão pós-parto. Pouco a pouco, ao longo do primeiro ano de sua análise, a depressão desapareceu. Mas desavenças com o marido – provavelmente em consequência da inabilidade de ambos para pensar como casal – causavam-lhe infelicidade e a faziam sentir-se inquieta.

Só posso saber o que meus pacientes me contam, no entanto, durante esses dois primeiros anos da análise de Francesca, eu não conseguia deixar de pensar que seu marido, Henry, era infiel. Para começar, ele tinha tido vários casos durante seu primeiro casamento; deixara a esposa e o filho de dez anos para se casar com Francesca. Além disso, pequenos detalhes, aparentemente inconsequentes, faziam soar sinais de alarme em mim. Toda noite após o trabalho, Henry ia para a academia nadar, mas em duas ocasiões, quando Francesca foi até lá na esperança de encontrá-lo, ele não estava. Havia os telefonemas também – ligações em horas estranhas, ligações urgentes que tinham de ser atendidas em outro cômodo, ligações que faziam Henry deixar tudo e se ausentar por duas ou três horas.

Em uma sessão, muito inocentemente, Francesca descreveu um telefonema que dera para o escritório de Henry. Um colega do marido atendeu à ligação. "Ele pôs a mão sobre o fone, mas eu o ouvi gritar: 'Ei, mulherengo, é pra você.'"

Esperei e, quando Francesca ficou calada, perguntei o que isso havia significado para ela.

"Nada – só pensei que era engraçado. Coisa de garoto", respondeu.

Fiquei em silêncio.

"Talvez fosse até um cumprimento", ela acrescentou.

"Você não ficou um pouco curiosa de saber por que o colega o chamou de mulherengo?", perguntei.

"Não, não especialmente. Eles todos falam assim."

As histórias que Francesca contava me deixavam ansioso por ela. Ao longo do tempo, sessão após sessão, eu ficava cada vez mais frustrado com sua falta de curiosidade. Não podia acreditar que ela não tivesse vontade de verificar se Henry tinha usado seu material de natação, ou vasculhar sua carteira à procura de recibos incomuns. Ela não era apenas passiva; parecia empenhada em se manter ignorante. Tentei de várias maneiras levantar essa questão, mas não sabia ao certo até onde deveria pressioná-la.

Havia noites em que eu tinha dificuldade para dormir. Levantava-me, tomava um copo d'água, voltava para a cama e ficava deitado, desperto, dormindo só depois que amanhecia. Eu estava com raiva por causa de algo que acontecera em minha vida – e, como consequência, pensava que podia estar pondo algo de meus problemas na análise de Francesca. Pouco antes do início de sua terapia, eu atravessara um período difícil com uma namorada. Ao passar um fim de semana fora numa conferência psicanalítica em Copenhague, liguei para casa tarde da noite num sábado e minha namorada não atendeu. Quando voltei, ela me disse que se sentira indisposta na manhã de sábado, desligara o telefone da tomada para tirar um cochilo e depois se esquecera de ligá-lo. "Desculpe-me", disse ela, "só me lembrei no domingo." Um mês depois, rompemos e me mudei de casa – só quando tirei minhas roupas da mala e as pendurei no armário percebi uma camisa masculina que não me pertencia. Deitado na cama, pensando em como eu tinha sido enganado, não conseguia dormir.

Algumas semanas depois de nossa conversa sobre o apelido "mulherengo", Francesca ouviu seu celular apitar – uma mensagem de texto. Ela o apanhou na mesa da cozinha e leu: bj, bj, bj. Não fazia de maneira alguma o gênero de Henry mandar um beijo numa mensagem de texto, muito menos três. Em seguida ela se deu conta de que aquele não era o seu telefone – ela e Henry tinham aparelhos iguais –, era o dele. Quem, ela perguntou ao marido, estava enviando beijos? Ele respondeu que provavelmente era um engano ou um dos caras no escritório, fazendo troça – não reconhecia o número.

"Você olhou as outras mensagens de texto dele? Ou seu registro de chamadas?", perguntei a ela.

"Não, pensei que tinha feito o que você queria que eu fizesse – perguntei do que se tratava e ele explicou", disse ela. "Achei que você ficaria satisfeito comigo."

Fiquei desalentado. Estava cada vez mais claro que Francesca se sentia compelida a me contar histórias que me levariam a acreditar que Henry era infiel. Mas quando eu tentava discutir a possibilidade de que o marido pudesse estar tendo um caso, ela se tornava abruptamente obtusa. Nada daquilo fazia sentido, mas Francesca se sentia tão confortável com essa falta de coerência que pensei que isso podia fazer algum sentido mais profundo para ela – mas qual?

Durante alguns meses, retornamos a esse problema. Considerei, é claro, a possibilidade de que minha excessiva identificação com Francesca estivesse me levando a interpretar mal a situação, a ver traição em seu casamento – mas isso não fazia sentido. Ela não estava inventando as ações de Henry. Quem sabe esperava que eu tivesse seus temores, de modo que ela não os tivesse? Talvez estivesse tentando me induzir a vê-la como uma vítima, uma mulher frágil – mas por que motivo? Examinamos a relação dela com os pais, que sempre fora certo mistério para mim. Eles pareciam formais e distantes. Preocupado com seu pequeno negócio de molduras, seu pai trabalhava muito. Notei que embora eles morassem perto, a mãe de Francesca quase nunca a visitava. Ela demonstrava pouco interesse pela neta, Lottie.

Assim, quando sua mãe a convidou para um almoço, Francesca suspeitou que ela tivesse algo importante a lhe dizer – problemas com dinheiro, talvez? Mas o que a mãe lhe contou foi que, por mais de trinta anos, o marido vinha tendo um caso com June, sua sócia na loja de molduras. Os pais de Francesca vinham tentando lidar com a questão. O pai queria vender sua participação no negócio; eles também haviam excluído June e o marido de sua vida pessoal. Mas a mãe ainda estava indecisa quanto ao que realmente queria fazer.

Perguntei a Francesca como sua mãe descobrira o caso.

"Ela não descobriu", respondeu Francesca. "O marido de June lhe contou. Ele sabia havia anos. Ele disse alguma coisa para minha mãe supondo que ela também soubesse."

Francesca não ficara nada surpresa com a notícia. Em várias ocasiões, ela se lembrava de ter visto o pai e June comportando-se de uma maneira que sugeria serem amantes. Contou-me que um dia, quando tinha quinze ou dezesseis anos, decidiu, num impulso, passar pela loja depois da escola. Observando pela vidraça antes de entrar, ela fitou os dois na vitrine vazia, debruçados sobre uma mesa, as cabeças quase se tocando. Olhavam para uma pintura. Ela viu quando o pai passou o braço em volta da cintura de June. Um instante depois, ele levantou a cabeça, seu olhar cruzou com o da filha – ele empalideceu e recuou abruptamente. Recobrando-se, saltou para a porta da frente e, com um movimento circular do braço e uma voz alta demais, convidou-a a entrar.

Quando ouvi sobre o caso do pai de Francesca, pensei que isso podia ajudar a explicar a cegueira dela em relação ao comportamento de Henry – que, por uma razão ainda desconhecida, ela tivesse se casado com uma versão do pai; havia assumido o papel da mãe. Alguns dias mais tarde, depois que Francesca fizera mais uma descrição das manobras de Henry – ele passara a maior parte de uma noite fora, "com um cliente" –, ressaltei para ela quanto seu casamento era parecido com o dos pais. "Henry parece ter encontrado uma esposa que – como sua mãe – fecha os olhos para qualquer evidência de infidelidade."

"Mas eu não sou nada parecida com ela", Francesca respondeu. "Eu contei para a minha mãe – eu contei sobre a vez que os vi na loja. Muitas vezes lhe perguntei: não a incomodava que papai e June estivessem constantemente juntos? E ela sempre respondia: 'Não, eles são sócios.' Eu sabia que havia alguma coisa acontecendo, mas nada do que eu dizia podia convencê-la."

Tive a impressão de que Francesca não estava apenas repetindo o papel da mãe, o de esposa traída – estava também me pondo exatamente na mesma posição que ela própria ocupara quando criança. Estaria, de maneira inconsciente, involuntária, comunicando-me a frustração e o isolamento que havia sentido outrora?

Francesca me disse: "Em algum nível, minha mãe devia saber, mas não podia se permitir saber. Todo o seu mundo teria se desintegrado. Ela teria perdido sua família, seu lar. Teria sofrido um colapso se não negasse a realidade." Mesmo assim, a solução de sua mãe tivera consequências.

A mãe de Francesca havia aceitado a versão do marido em detrimento da versão da filha. Ao não reagir ao que Francesca tentava lhe contar, ela havia criado uma distância intransponível entre as duas.

No início do terceiro ano de análise de Francesca, a empresa de Henry o enviou a Paris por um ano. Eles combinaram que Henry pegaria o Eurostar cedo na segunda-feira, passaria a semana no apartamento da companhia e voltaria a Londres na noite de sexta-feira. Mas desde que se mudara, Henry já passara vários fins de semana em Paris – perdendo, inclusive, o aniversário de Lottie, em janeiro, e o fim de semana do Dia dos Namorados, em fevereiro. Em março, eles decidiram que Francesca e Lottie passariam a Páscoa com ele no apartamento de Paris.

Em nossa primeira sessão após os feriados da Páscoa, Francesca falou-me sobre a visita.

"Sexta-feira à noite chegamos à Gare du Nord. Henry estava lá à nossa espera. Tomamos um táxi para seu apartamento no Marais e jantamos todos juntos, e tudo parecia bem – éramos uma família de novo. Depois de colocar Lottie para dormir, fomos para a cozinha lavar a louça e tomar um copo de vinho.

"Abri a máquina de lavar louça e, no mesmo instante, vi que alguma coisa não estava certa, mas por um segundo não soube o que era.

"Em seguida – os telefonemas sussurrados, o apelido 'mulherengo', a ausência no aniversário de Lottie –, tudo fez sentido. Era como naqueles jogos de decifração. Há sempre um ponto em que você decodifica o número suficiente de letras na mensagem – ainda não decifrou todas, mas mesmo assim a frase fica absolutamente clara. Foi assim. Eu não precisava de mais informações. Havia duas xícaras de café, dois pratinhos de sobremesa, duas facas de manteiga, dois copos e duas colheres de café, tudo em seus devidos lugares na máquina de lavar louça – não simplesmente jogado lá dentro, de qualquer maneira, como Henry sempre faz. Era como se ela tivesse me deixado um bilhete.

"Eu perguntei a ele: 'Quem pôs a louça na máquina? Diga-me, quem pôs a louça na máquina?'"

Sobre a intimidade

Quando Joshua B. me telefonou, menos de um ano após o término de sua análise, senti-me apreensivo. "Você tem uma hora esta semana?", ele perguntou.

Ele chegou algumas horas mais tarde. "Cortinas novas", comentou, passando os olhos pela sala. Depois se sentou. "Sou um babaca, um completo babaca", disse. "Estou numa situação terrível, e não sei como me safar."

"O que aconteceu?", perguntei.

"Oh, não se preocupe – está tudo bem com Emma e o bebê. Eles estão bem." Ele tomou um gole de água de uma garrafa que trouxera. "Mas andei saindo com uma garota." Olhou para mim, tentando avaliar minha reação. "Está surpreso?"

"Por que não me fala sobre isso?"

Joshua andava se encontrando com uma moça chamada Alison, uma garota de programa de 22 anos que descobrira na internet. Nos últimos meses, eles se viam várias vezes por semana; ligava para ela diariamente. Estava tentando ajudá-la a mudar de vida. Havia lhe dado um laptop e levara-a para comprar roupas antes de uma recente entrevista de emprego.

"Semana passada tentei terminar com ela. Nosso trato era que eu a ajudaria, mas só se ela parasse de fazer programas. Depois descobri que não tinha parado. Por isso rompi. Mas ela me ligou no dia seguinte para dizer que estava sentindo a minha falta e precisava me ver. Cedi. Não sou um idiota – sei que vou perder tudo se não parar com isso. Mas não consigo."

Enquanto ele falava, refleti sobre sua escolha de momento. Ele e a esposa, Emma, tinham acabado de ter um filho. Teria Joshua recorrido a uma prostituta porque precisava separar amor e sexo? Estaria tentando proteger Emma de desejos que considerava sujos ou errados? Comecei a explicar esses pensamentos para Joshua, mas ele me interrompeu. "Não, Emma e eu ainda fazemos sexo. Nunca transei com Alison."

"Espere", eu disse, "não estou entendendo."

"A primeira vez que me encontrei com Alison foi por sexo. Paguei-a e ela me disse que tinha marcado duas pessoas para a mesma hora – eu me incomodaria de esperar no café ali perto por uma hora? Esperei, pensando que ela jamais apareceria, mas ela apareceu." Joshua me contou que os dois conversaram por um longo tempo, que ela era ótima, realmente extraordinária. A moça tinha se oferecido para lhe devolver seu dinheiro, mas ele lhe disse para guardá-lo. Voltaram a se encontrar no dia seguinte, e continuaram a conversar.

"Não há absolutamente nenhum sexo?", perguntei.

"Ela me beija quando chego e quando vou embora. Ela gosta de contato físico – me toca quando fala, às vezes ficamos de mãos dadas –, mas nunca transamos."

"Mas você paga pelos encontros?"

"Dou dinheiro a ela, mas não lhe *pago*. Compro coisas de que ela precisa, dou dinheiro para sua mãe, que está doente – estou tentando ajudá-la. Por algum tempo, pensei que faria sexo com ela se não tivesse de pagar por isso, mas agora sinto que isso seria errado também. Minha esperança é que ela deixe a prostituição – eu a terei lançado no mundo, e ela me amará pelo que fiz."

Ao longo dos anos, vi vários de meus pacientes do sexo masculino ficarem obsedados com prostitutas. A natureza "pegue e largue" da experiência – evitar a dependência e a intimidade emocional – faz o sexo parecer mais seguro. Além disso, é claro, a prostituição é uma transação monetária, e isso inspira fantasias. Mas, para Joshua, Alison significava alguma outra coisa.

"Ouça as palavras que está usando", eu lhe disse. "'Lançá-la no mundo', 'amá-lo pelo que fez'. Soa um pouco como uma mãe falando sobre um bebê."

Joshua tomou mais um gole de água. "Então estou fazendo tudo isso porque desejaria ser uma mãe também? Invejo minha mulher?"

Não respondi. Talvez fosse verdade que ele invejava sua mulher pela relação que tinha com o filho; isso explicaria algo da natureza de seu relacionamento com Alison, em particular os cuidados maternais e a ausência de sexo. No entanto também parecia possível que ele estivesse sendo impelido por ciúme do filho. Ao tentar persuadir Alison a abandonar a prostituição, ele podia estar se esforçando para roubar uma mulher dos homens – como sentia que seu filho lhe roubara a mulher. "Você já tinha procurado prostitutas antes?", perguntei.

"Não, nunca", ele respondeu. Contou-me que ele e Emma estavam juntos há oito anos e que ele nunca a tinha traído, até então. "Eu contei que ela chama o bebê pelo apelido pelo qual costumava me chamar?"

"Você está me contando que sempre foi fiel a Emma, mas alguma coisa mudou. Acho que você está traindo sua mulher porque se sente traído."

"Você se lembra de eu ter contado das férias que tiramos no verão, há dois anos? Alugamos aquele chalé espetacular à beira-mar durante quase um mês. Sem internet nem televisão. Um sujeito numa caminhonete aparecia duas vezes por semana com peixe fresco. Eu cozinhava para nós toda noite. Emma se apaixonou pelas crianças da casa vizinha, e pronto! Ela queria crianças, então nós queríamos crianças – não é o que se espera de todos nós?"

"Mas talvez quando vocês decidiram ter um bebê você não soubesse como isso o faria se sentir."

"Eu não sabia que me sentiria tão sozinho."

Joshua *estava* se sentindo sozinho. Talvez mais do que isso: estava com ciúme da proximidade que a mulher e o filho compartilhavam. Incapaz de imaginar uma maneira de entrar, Joshua não conseguia encontrar seu lugar como pai. Ele experimentava essa incapacidade como um abandono por parte de sua mulher. O que proclamava animadamente como um ato de loucura era, na realidade, um ato de vingança.

Quanto maior é a frente

EMBARCANDO NUM VOO de Nova York para São Francisco, ao me acomodar em meu assento, vejo que divido a fileira com uma mulher atraente, bem-vestida. Ela está sentada à janela, eu no corredor. A poltrona entre nós está vazia. Ofereço-me para mudar de lugar de modo que seus dois garotos, que estão na fileira em frente à nossa, possam ficar perto dela. Ela ri e me diz que eu claramente não tenho filhos adolescentes – "Eles prefeririam estar sentados ainda mais longe."

Ela pergunta sobre mim. Eu pergunto sobre ela. Pergunto se está viajando de férias. Não, ela responde, vai visitar a mãe. Ajeita seu colar. "Será a primeira vez que a vejo em dezesseis anos – desde que meus pais me riscaram de suas vidas."

Seu comentário teve o efeito que, suponho, ela queria que tivesse – quero saber o que aconteceu.

Abby me conta que dezoito anos antes ela tinha conhecido um rapaz chamado Patrick. Os dois eram colegas na faculdade de medicina. Embora fosse judia, e ele, católico, ela acreditava que seus pais acabariam aceitando-o. "Minha família nunca foi particularmente praticante, e Patrick é de fato alguém especial."

O pai de Abby, que também era médico, ficou muitíssimo contrariado com a ideia de um namorado louro – fazia comentários racistas horríveis sobre Patrick. Quando os dois ficaram noivos, ele disse à filha que se ela realmente fosse em frente e se casasse com Patrick, ele não teria mais nada a ver com ela. Disse-lhe que iria "sentar shivá" – ficar de luto.

"Não sei se ele realmente sentou shivá, mas no dia em que me casei com Patrick, parou de falar comigo." Como costuma acontecer, a mãe de Abby seguiu o exemplo do marido. Durante vários anos, Abby enviou cartões de aniversário e presentes de Chanuca para os pais, mas, depois que seu primeiro filho nasceu e eles não se pronunciaram, ela simplesmente desistiu.

Houve ocasiões, em especial durante os primeiros anos de seu casamento, em que pensou estar ficando louca. Sempre que ela e Patrick tinham uma discussão, ela se via perguntando se não deveria ter se casado com alguém mais parecido, alguém judeu – talvez seu pai estivesse certo. Abby conversou com um psicoterapeuta a esse respeito, mas de nada adiantou. "Não podíamos compreender o que tinha acontecido – estaria meu pai com ciúme de Patrick? Com ciúme de mim? Seu comportamento não fazia absolutamente nenhum sentido.

"Um belo dia, do nada, uns dois meses atrás, recebi um telefonema de minha mãe contando-me que ela e meu pai estavam se divorciando. Minha mãe descobrira que ele estava tendo um caso com Kathy, sua recepcionista. Ela havia trabalhado para meu pai durante 25 anos. Aparentemente, eles vinham tendo um caso desde que eu me formara no colegial. A grande surpresa – Kathy é católica, e loura.

"Então entendi tudo", disse Abby, "*quanto maior é a frente, maiores são as costas.*"

Psicanalistas chamam isso de *splitting* – uma estratégia inconsciente que nos mantêm ignorantes de sentimentos em nós mesmos que somos incapazes de tolerar. Tipicamente, queremos nos ver como bons, e colocamos esses aspectos de nós mesmos que nos parecem vergonhosos em outra pessoa ou grupo.

O *splitting* é uma maneira que temos para nos livrar de autoconhecimento. Quando o pai de Abby a cortou de sua vida, ele estava querendo cortar de si mesmo aquilo que não podia suportar. Em curto prazo, isso nos dá algum alívio – "Não sou ruim, você é". Mas ao negar uma parte de nós mesmos e projetá-la em outrem, passamos a encarar esses aspectos negativos como fora de nosso controle. Em sua forma extrema, o *splitting* transforma o mundo num lugar perturbador, até perigoso – em vez de reconhecer seus demônios como sendo seus, o pai de Abby os encontra, como se fosse pela primeira vez, na filha.

Imagine que situação difícil – para ele era intolerável pensar que se apaixonara por alguém que não pertencia à sua religião. Capaz de localizar esse problema em Abby, ele perdeu consciência do dilema em si mesmo. Continua seu caso com Kathy, mas como lhe falta uma experiência interna de seus próprios sentimentos e ações, ele perdeu o melhor meio de que dispunha para compreender a si mesmo ou a filha.

Gosto da expressão de Abby, *quanto maior é a frente, maiores são as costas* – é mais expressiva que o termo psicanalítico. *Splitting* é mais fraco, menos dinâmico; sugere duas coisas separadas, desconexas. A máxima de Abby apreende o fato de que a frente é parte das costas, e vice-versa.

Desde que conheci a história de Abby, sempre que ouço falar de um político defensor dos valores da família que é flagrado com as calças baixadas, ou um pastor que condena a homossexualidade como um pecado e é encontrado na cama com um garoto de programa, penso: *quanto maior é a frente, maiores são as costas.*

Amar

Em casa

A PRIMEIRA VEZ que vi o professor James R. foi na manhã do Dia das Bruxas. Meus filhos, ainda de pijama, disseram-me que enquanto eu estivesse lá embaixo trabalhando eles iriam fazer um bolo de chocolate com a mãe e decorá-lo com fantasmas de glacê.

Os sons de minha mulher tirando da mesa as últimas coisas do café da manhã e as primeiras notas do estudo de piano da minha filha desapareceram quando desci para meu consultório, no térreo, e fechei a porta atrás de mim. Acendi as luzes, ajustei o termostato e pus o jornal na sala de espera. Eram dez para as nove.

Ao telefonar para marcar uma avaliação, o professor R. não pareceu particularmente ansioso – tive a intuição de que ele não chegaria adiantado, talvez exatamente na hora. Sentei-me em minha cadeira, olhei de novo para seu nome e endereço em minha agenda e fechei os olhos. É difícil descrever meus sentimentos nos últimos instantes que precedem uma consulta – a mistura de expectativa, curiosidade e um vago desconforto.

Dois ou três minutos depois das nove, a campainha da porta soou. O homem de pé na minha soleira era mais alto, mais sólido do que sua voz me levara a esperar. "Sr. Grosz?"

Depois que ele se acomodou na cadeira em frente a mim, perguntei-lhe: "Como posso ajudar?"

Ele me disse que não sabia ao certo se eu poderia; não sabia ao certo se alguém poderia. Começou a me falar sobre ele. Tinha 71 anos; até sua aposentadoria, fora professor num grande hospital universitário de Londres. Fora bem-sucedido profissionalmente, mas não compreendia por quê. Contou-me que, como falava devagar, as pessoas tendiam a julgá-lo inteligente. "Não sou particularmente inteligente."

Descreveu seu casamento de 44 anos com Isabel, uma médica de família. Falou-me de seus filhos – duas meninas, depois dois meninos. As moças eram casadas, já com filhos; os rapazes não tinham se casado, mas estavam bem em suas carreiras. "Foi um longo período, difícil por vezes, mas não tenho preocupações reais com nenhum deles."

Ele fez uma pausa. "Isabel e eu consultamos uma terapeuta de casais, e ela achou que seria uma boa ideia que eu viesse vê-lo. Disse que você poderia me ajudar a encontrar um terapeuta. Mas não sei o que ela lhe disse a meu respeito."

Disse-lhe o que a terapeuta de casais me dissera – que ela achava melhor deixar que ele mesmo falasse sobre si.

Antes que eu pudesse dizer mais, ele acrescentou: "Ela contou que eu sou gay?"

O resumo da história, disse ele, era este: ao se casar com Isabel, ele guardou sua sexualidade numa caixa. Depois, dois anos atrás, logo depois da morte de seu pai, "eu a retirei de lá novamente". Ele fizera uma visita a Nova York, para ver a filha e a família, e se vira numa sauna no centro de Manhattan. "Pela primeira vez em minha vida, me senti eu mesmo."

Seu relacionamento com o homem que conhecera na sauna durou pouco, mas ele tinha tido dois outros namorados desde então. "Obviamente não sou jovem, por isso tive de aprender sobre o Viagra. Mas não é uma questão só de sexo – sei que isso é importante para mim."

Perguntei se ele estava me dizendo que nunca tinha feito sexo com um homem antes disso.

"Isso mesmo", disse ele. Sentira-se atraído por homens a vida toda. Sempre soubera que era gay, e supunha que quando fosse para a universidade encontraria um homem e tudo estaria resolvido, mas isso nunca aconteceu. "Havia algumas pessoas corajosas que eram assumidamente gays, mas eu não era uma delas."

Ele se inclinou para a frente em sua cadeira. Contou-me que ele e a esposa se conheceram na faculdade de medicina – "ela era na época, e continua sendo, a minha melhor amiga" – e depois da formatura se casaram. Sim, ele tentara levantar o assunto com Isabel em várias ocasiões, mas essas tentativas não tinham dado em nada.

Cerca de dois meses antes, ele havia lhe contado sobre o homem com quem estava se encontrando. Ela ficou perturbada, é claro, mas mostrou-se compreensiva. Passaram-se várias semanas muito difíceis antes que eles decidissem procurar um terapeuta de casais. Ele não sabia o que fazer – queria continuar levando a vida que havia construído com Isabel, mas não sabia como. "É por isso que estou aqui."

Certos dias ele se sentia convencido de que deveriam vender sua casa grande e comprar duas casas pequenas, de modo que cada um pudesse levar sua própria vida. Em outros, pensava que o problema era algo mais fundamental, uma questão de intimidade. "Tenho a terrível intuição de que eu poderia escolher estar com um homem e logo descobrir que não conseguia tampouco ficar próximo dele."

Perguntei o que queria dizer.

Ele me disse que Isabel sabia lidar com as pessoas, ele não. Não sabia realmente como ela o suportara por todos aqueles anos – a família brincava que era com as pessoas anestesiadas que ele se dava melhor. "Sou inconveniente. Algumas pessoas gostam disso, outras não. Parece que estou sempre dizendo a coisa não dita, a coisa que todos estão pensando, mas ninguém quer falar."

Tentei não demonstrar, mas acho que ele percebeu como ouvi isso – que ele podia dizer a coisa não dita sobre os outros, mas não sobre si mesmo. Será que tornava as coisas embaraçosas para os outros para não se sentir ele próprio embaraçado? Enquanto eu pensava sobre o assunto, ele perguntou: "Como a psicoterapia vai me ajudar a resolver isso?"

Disse a ele que ainda não sabia ao certo.

Ele me disse que gostava de chegar a uma decisão e em seguida agir – e agora não conseguia decidir o que fazer. Ninguém nunca pensara nele como confuso, mas era assim que estava agora. Tanto ficar quanto ir embora podiam, em diferentes momentos, parecer a coisa certa a fazer. Seus filhos não sabiam que ele era gay, e ele não queria que soubessem. Não queria que eles o odiassem, pensassem o pior a seu respeito.

Disse-lhe então que, pelo que eu compreendia, ele estava dizendo que não queria fazer nada de que pudesse se arrepender mais tarde.

Ele concordou. "Às vezes parece certo que eu vá embora. Nunca me senti completamente eu mesmo com Isabel." Descreveu uma tarde de domingo que passou deitado nos braços do namorado. "Estávamos no quarto ouvindo um CD. Quando terminou, não me desprendi e ele simplesmente continuou a me abraçar. Passamos a maior parte da tarde deitados ali, até que eu quis me levantar. Eu nunca tinha vivido nada assim antes."

"E você não quer abrir mão disso."

"Exatamente – não acho que possa abrir mão."

"Por que agora?", perguntei.

Ele me disse que não sabia ao certo. Talvez tivesse algo a ver com o ponto em que ele e Isabel estavam naquela altura da vida. Desde a faculdade de medicina, ele passara a maior parte de sua vida cuidando dos outros. Primeiro os pais de Isabel, depois os seus, ficaram doentes, exigiram a ajuda deles, então morreram: câncer de mama, câncer de cólon, doença cardíaca, câncer pancreático. Sua filha mais velha tivera uma infância difícil – ela era disléxica, nunca se dava bem com as professoras e havia sido apanhada furtando em lojas. Mas tudo isso era passado – seus pais tinham ido embora e seus filhos estavam bem. "Pode soar egoísta, mas o que quero agora é sentir que alguém me ama, e não apenas que as pessoas se preocupam comigo."

Passamos alguns minutos em silêncio.

"É terrível, mas me senti aliviado quando meu pai morreu. Ele era medonho." Embora fosse respeitado na comunidade, onde era clínico geral e conselheiro, seu pai havia sido uma pessoa impossível de conviver. Comportava-se como alguém que só faz coisas boas e ajuda os outros, e todos o consideravam maravilhoso. Mas tinha ataques repentinos de fúria. "Ele se recuperava rapidamente, mas eu continuava tremendo por dentro por muito mais tempo. Podíamos ver essas explosões se armando pouco a pouco, no entanto não havia meio de acalmá-lo."

Mas o pior não era isso. O pior era – como descrever? – a falta de interesse de seu pai por ele. "Eu me lembro sobretudo de ele não estar lá; lembro-me de que ele ia para seu consultório antes que eu saísse para a escola. Estava claro que eu era, de alguma maneira, simplesmente demais para ele. Parecia que não podia esperar para se ver livre de mim."

Enquanto ele falava, vi novamente sua lembrança, seu prazer em abraçar um homem – seu namorado imóvel, calmo em seus braços – e também em ser abraçado por tanto tempo quanto desejava. E perguntei-lhe se parte do poder de ser abraçado por um homem decorria do sentimento de que isso desfazia a rejeição, a dor que seu pai lhe infligira.

"Eu sentia que meu pai olhava para mim e não gostava do que via. Naquela tarde senti o oposto disso – senti-me em casa."

Ficamos ambos em silêncio por um momento, depois ele disse: "Imagino que minha história não seja muito típica – não pode haver muitos homens que vêm lhe procurar, que mudam de direção assim, agora, na minha idade. Mas aí está." Ele fez um pequeno gesto, virando suas palmas para cima. "Aí está."

Durante um longo tempo ficamos sentados juntos, nenhum de nós falando, e pensei sobre a jornada de seu casamento – imaginei, quase como uma série de fotografias, ele e a mulher na faculdade de medicina, seu casamento, o nascimento de seus filhos e a morte de seus pais, seus anos juntos. Vi o ciclo anual de festas de aniversário e férias. Pensei no professor R. e sua mulher como estudantes – tanta coisa que eles não podiam saber naquela época, tanta coisa que não podiam prever.

Depois, talvez tenha havido algum ruído remoto vindo de cima, talvez fosse o piano, ou um som de vozes, que me fez pensar em minha mulher e meus filhos, e imaginei uma série similar de fotografias de nossa vida – nosso nascimento, nossa morte. O que estava reservado para nós?

O professor R. suspirou, e perguntei-lhe sobre o que estivera pensando durante o silêncio.

"Eu estava pensando que se minha mulher puder viver comigo como sou, quero ficar com ela e continuar me encontrando com meu namorado. Se ela puder fazer isso, isso é o que quero."

Paramos pouco depois disso, e, como havíamos combinado, encaminhei o professor R. para um psicoterapeuta cujo trabalho eu admirava e cujo consultório ficava perto da casa dele. Não voltei a vê-lo, mas, de tempos em tempos, eu me pegava pensando sobre essa consulta – e não sabia bem por quê.

Dois anos depois, eu estava sentado num café à espera de minha mulher. Passando a vista pelo *The Times* deixado na mesa, meu olhar foi atraído pelo nome e pela fotografia do professor R. na seção de obituários. Havia o relato de uma eminente carreira, bem como homenagens de amigos e colegas. O obituário concluía dizendo que sua esposa estava com ele quando morreu, serenamente, em casa.

Como a paranoia pode aliviar o sofrimento e evitar uma catástrofe

Amanda P., uma mulher solteira de 28 anos, volta para sua casa em Londres após uma viagem de trabalho aos Estados Unidos. Ela esteve em Nova York por dez dias. A jovem, que mora sozinha, pousa a mala na soleira e, quando gira a chave na fechadura, uma ideia toma conta dela. "Tive essa fantasia – vi isso como um filme: o gesto de girar a chave aciona algum tipo de detonador e todo o apartamento explode, matando-me no ato. Imaginei que terroristas tinham invadido meu apartamento e armado cuidadosamente uma bomba para me matar. Por que eu teria uma fantasia tão louca?"

Ou considere, por exemplo, essas fugazes fantasias paranoides: uma mulher anda pela rua, sorrindo para si mesma; Simon A. – um atraente e bem-vestido arquiteto – fica convencido de que ela está rindo de suas roupas. Há também o caso de Lara G. – seu chefe lhe pediu que fosse à sala dele no fim do expediente. Como faz várias semanas que os dois não se falam, Lara está certa de que vai ser demitida. Em vez disso, fica aturdida quando lhe oferecem uma promoção e um aumento. Há ainda George N., que, quando toma banho de chuveiro, às vezes teme que a cortina vá ser arrancada e ele assassinado à maneira de *Psicose*, de Hitchcock. "Meu coração bate com força", disse-me George. "Por um instante tenho esse pânico terrível de não estar sozinho em meu apartamento – de alguém ter vindo para me matar."

A maioria de nós, se não todos, tivemos fantasias irracionais em um momento ou outro. Apesar disso, raramente as admitimos – mesmo para cônjuges ou amigos chegados. Parece-nos difícil, até impossível, falar sobre elas. Não sabemos o que significam ou dizem sobre nós. São um sinal de que estamos nos descontrolando? Que estamos momentaneamente loucos? Várias teorias psicológicas explicam por que fantasias paranoides são parte da vida mental normal. Segundo uma delas, a paranoia permite que nos livremos de certos sentimentos agressivos. A raiva é inconscientemente projetada: "Não quero feri-lo, ele quer me ferir." Outra teoria sustenta que a paranoia nos permite negar nossos próprios sentimentos sexuais indesejados: "Não o amo, eu o odeio e ele me odeia." As duas podem por certo se aplicar, mas nenhuma parece de todo suficiente.

Qualquer pessoa pode ficar paranoide – isto é, desenvolver uma fantasia irracional de ser traído, alvo de zombaria, explorado ou prejudicado –, mas é mais provável que fiquemos paranoides se estivermos inseguros, desconectados, sozinhos. Acima de tudo, fantasias paranoides são uma reação ao sentimento de que estamos sendo tratados com indiferença.

Em outras palavras, fantasias paranoides são perturbadoras, mas elas são uma defesa. Elas nos protegem contra um estado emocional mais desastroso – a saber, o sentimento de que ninguém está interessado em nós, de que ninguém se importa. O pensamento "fulano me traiu" nos protege contra o pensamento mais penoso "ninguém pensa em mim". E esta é uma das razões por que é comum soldados sofrerem paranoia.

Durante a Primeira Guerra Mundial, soldados britânicos nas trincheiras convenceram-se de que os fazendeiros franceses que continuavam arando seus campos atrás das linhas britânicas enviavam sinais secretos para a artilharia alemã. Em *The Great War and Modern Memory*, Paul Fussell documenta a convicção muito difundida entre os soldados de que fazendeiros estavam dirigindo as armas alemãs para plataformas britânicas. Fussell escreve: "Em ambas as guerras acreditou-se amplamente, mas, até onde sei, nunca foi provado que franceses, belgas ou alsacianos que viviam logo atrás da linha faziam sinais para a distante artilharia alemã através de meios sagazes, precisos e elaborados de modo fantástico." Os soldados enxergavam códigos aterrorizantes nos movimentos aleatórios de um moinho de vento, ou na visão de um homem andando com duas vacas rumo a um campo, ou de uma lavadeira pendurando lençóis numa corda. De fato, é menos penoso sentir-se traído do que esquecido.

Com a velhice, a probabilidade de se desenvolver um transtorno psicológico grave diminui, mas, apesar disso, os riscos de se desenvolver paranoia aumentam. Em hospitais, ouvi homens e mulheres idosos se queixarem: "As enfermeiras estão tentando me envenenar." "Não perdi meus óculos, é óbvio que minha filha os furtou." "Você não acredita, mas posso lhe garantir: meu quarto está grampeado, eles estão lendo minha correspondência." "Por favor, me leve para casa, não estou em segurança aqui." É claro que essas pessoas algumas vezes são vítimas de abusos, enganados por parentes e maltratados por cuidadores, por isso é importante ouvir com atenção seus medos. Mas com grande frequência – como os soldados nas trincheiras – os mais velhos enfrentam a morte sentindo-se esquecidos. Mulheres e homens outrora atraentes e importantes veem-se cada vez mais negligenciados. Minha experiência é que fantasias paranoides são muitas vezes uma reação à desconsideração do mundo. O paranoide sabe que alguém está pensando nele.

Pedi a Amanda P. que me falasse mais sobre sua chegada em casa após a viagem a Nova York. "Amo meu apartamento", disse ela. "Mas voltar para casa depois de uma viagem é um daqueles momentos em que realmente odeio ser solteira. Abro a porta e há dez dias de correspondência no capacho, a geladeira está vazia, a casa, fria. Como ninguém cozinhou, o lugar tem cheiro de abandonado – é deprimente." Ela fez uma pausa. "Isso é o exato oposto da sensação que eu tinha ao voltar da escola para casa quando criança. Minha mãe ou minha babá – ou as duas – estavam fazendo meu chá. Sempre havia alguém à minha espera."

À medida que Amanda P. falava, ficava claro que sua fantasia paranoide momentânea – de girar a chave e ser explodida por terroristas – não tinha, para responder à sua pergunta, nada de louca. Por um minuto a fantasia a assustou, mas, em última análise, esse medo a salvou de se sentir sozinha. O pensamento "alguém quer me matar" lhe trouxe a experiência de estar sendo odiada – mas não esquecida. Ela existia na mente do terrorista. Sua paranoia serviu-lhe de escudo contra a catástrofe da indiferença.

Sobre a recuperação de sentimentos perdidos

Quando tinha seis anos de idade, Emma F. apaixonou-se por sua professora do segundo ano, a srta. King. A professora usava brincos de argola brilhantes e esmalte vermelho nas unhas. Ela e Emma compartilhavam uma fascinação por fósseis. Um dia, Emma disse à srta. King que estava lendo *A menina e o porquinho* todo de novo, e a srta. King apertou-lhe a mão – era um de seus livros favoritos também.

Antes do café da manhã, no último sábado do ano letivo, Emma sentou-se à mesa da cozinha para fazer um cartão de agradecimento à mestra. Ela desenhou uma amonite na capa, depois abriu o cartão e escreveu: "Querida srta. King, você é a melhor professora que eu já tive. Muito obrigada por ser minha professora. Vou sentir sua falta no próximo ano. Eu gosto de você mais do que de qualquer outra pessoa, até mesmo da mamãe. Amor, Emma bj bj bj."

Quando o pai se sentou, Emma lhe mostrou o cartão. "Você não pode dizer que gosta da srta. King mais do que da sua mãe", ele lhe disse. "Não é verdade." Emma tirou uma borracha cor-de-rosa de seu estojo de lápis e começou a apagar a última frase do bilhete. O pai a deteve. "Ainda consigo ler o que você escreveu", disse ele. "Você precisa fazer um novo cartão." E foi por isso – porque ele não queria que restasse nenhum traço de suas palavras – que Emma soube que tinha feito uma coisa verdadeiramente errada.

Emma logo se esqueceu do cartão e da conversa com o pai. Mas, 23 anos depois, lembrou-se do episódio durante uma sessão de análise.

Naquela manhã, Emma chegara atrasada a um encontro com o namorado, Mark, para tomar um café. Logo depois, os dois deram início a uma discussão sobre o relacionamento de Emma com a amiga Phoebe. Mark insistia que não fazia sentido Emma continuar vendo a amiga; Phoebe sempre a fazia sentir-se mal consigo mesma.

"Ele não entende por que eu gosto dela", disse-me. "Diz que sempre fico para baixo depois que a vejo."

"Você fica?", perguntei.

"Mark diz que fico."

"Não estou perguntando o que Mark pensa que você sente. Estou tentando descobrir como você se sente."

"Ele deve estar certo – por que iria mentir?"

E foi nesse momento, quando não respondi imediatamente, que ela se lembrou da srta. King.

Eu tratava de Emma há quase um ano. Ela, a princípio, me procurara porque se sentia muito deprimida depois de iniciar um doutorado. Haviam lhe prescrito antidepressivos. Seu psiquiatra pediu-me que a visse depois que ela lhe disse que queria falar com alguém – "transpor o muro que me impede de viver".

Em nossas primeiras sessões, Emma descreveu sua infância como normal, feliz. Pouco a pouco, porém, ao longo dos meses seguintes, uma outra história emergiu. O pai de Emma estava frequentemente fora, a trabalho; sua mãe era insegura, indecisa. Elas brigavam com frequência. Pouco antes de sua irmã nascer, Emma foi enviada para a Escócia, para a casa da avó, onde permaneceu por seis ou sete meses. Sem emoção, Emma relatou o retorno para os pais e a nova irmãzinha, e como sentia falta de sua avó e chorava de saudades dela à noite. "Meus pais contam uma história engraçada sobre como, quando voltei para casa, eu insistia em chamar minha mãe de 'senhora' – não a chamava de 'mamãe'."

Até onde eu podia perceber, a autoestima dos pais de Emma, seu equilíbrio emocional, parecia depender do comportamento, do sucesso da filha.

Acontecimentos dos primeiros anos de vida de Emma que teriam, ordinariamente, causado ansiedade a uma criança – o primeiro dia na creche, ser esquecida em frente à escola na hora da saída, ficar perdida numa loja de departamentos – pareciam não a ter incomodado em absoluto. Minha suspeita era de que ela temia ser mandada embora de novo caso se permitisse sentir os próprios sentimentos. E embora a habilidade de Emma para corresponder aos desejos dos pais não tivesse impedido o desenvolvimento de suas capacidades intelectuais, havia travado seu desenvolvimento emocional.

Quando o orientador de Emma no doutorado lhe pediu que escolhesse entre duas áreas de pesquisa diferentes, Emma se descontrolou. Tendo de optar por uma direção, ela não tinha nenhuma bússola, estava perdida.

Na tranquilidade do consultório, ela perguntou: "Por que será que me lembrei do cartão para a srta. King agora?"

"O que você acha que pode ser?"

"Não sei. A conversa com meu pai foi parecida com a conversa que tive com Mark – ambos estavam me dizendo o que realmente sinto, ou deveria sentir."

Emma disse que não entendia como as pessoas sabiam o que realmente sentiam. "Na maior parte das vezes, não sei o que sinto. Imagino o que *deveria* sentir e em seguida ajo exatamente dessa maneira." Comecei a mostrar para Emma que ela sabia onde olhar: suas próprias memórias, sonhos, ações. Sua lembrança do pai lhe veio à mente quando estávamos falando sobre sua discussão com Mark – os dois acontecimentos lhe pareciam semelhantes. E ao me dizer que se atrasara de novo para um encontro com Mark, ela estava indicando para nós dois sua falta de entusiasmo por vê-lo. Mas enquanto eu tentava explicar meus pensamentos, Emma começou a chorar. "Srta. King", disse, soluçando. "Srta. King."

Mais tarde Emma me contaria que não sabia por que se lembrar daquela manhã na cozinha a deixara tão perturbada, tão excessivamente comovida. "Mamãe detesta autopiedade", disse ela. Eu lhe disse que não pensava que fosse autopiedade. Ela parecia estar chorando pelo eu que havia perdido, pranteando a menininha a quem não era permitido ter seus sentimentos.

Por que os pais têm inveja dos filhos

ALGUNS ANOS ATRÁS, tive uma paciente que vou chamar de Amira. Aos 27 anos de idade, ela sofreu um grave acidente – o carro que dirigia derrapou e invadiu o canteiro central na autoestrada M1. O acidente a deixou fisicamente incólume, mas emocionalmente destroçada.

Dois anos depois, Amira estava começando a reconstituir sua vida, contudo sentia uma dificuldade cada vez maior para contar à mãe sobre a melhora de sua situação. "Não posso suportar seus '*Masha'Allahs*'", disse-me ela. "*Masha'Allah* significa 'Deus quis assim'. Minha mãe diz isso sempre que alguma coisa boa me acontece. Segundo ela, é para afugentar o 'olho gordo' – para me proteger da inveja das pessoas –, e isso está me deixando louca."

Amira descreveu uma conversa com a mãe sobre os planos que ela e o noivo estavam fazendo para sua lua de mel. "Eu lhe contei que tínhamos decidido ir a Paris: '*Masha'Allah*.' Comecei a lhe contar sobre o hotel que tínhamos escolhido: '*Masha'Allah*.' Tentei lhe contar sobre nossa suíte: '*Masha'Allah, masha'Allah, masha'Allah*.' Senti vontade de jogar meu celular pela janela", disse Amira. "Minha felicidade não é apenas vontade de Deus – é em parte uma realização minha."

Pareceu-me que o desejo da mãe de Amira de proteger a filha contra a inveja dos outros estava enraizado em seus próprios sentimentos de inveja. A princípio, Amira ficou surpresa com essa ideia. Mas à medida que pensava sobre ela, ficou claro que a mãe estava provavelmente sentindo falta de um tempo anterior. Certa vez a mãe de Amira lhe contara que um dos períodos mais felizes de sua vida fora durante seu primeiro ano de casamento, quando ela e o marido haviam morado na França. "Não pode ser fácil para ela", admitiu Amira. "Estou aguardando ansiosamente um casamento e filhos, e ela é uma viúva, olhando para trás." Mais tarde, Amira se perguntou se teria sido insensível, ou talvez desejado involuntariamente deixar a mãe enciumada.

Muitas vezes invejamos nossos filhos por seus tesouros – crescimento físico e força mental, vivacidade, alegria, confortos materiais. Acima de tudo, porém, invejamos nossos filhos por seu potencial. Robert B., um funcionário público de 55 anos, descreveu-me certa vez um sonho que tivera: "Estou numa montanha. Meus avós falecidos estão bem no topo, acima das nuvens. Eles repousam numa cabana de madeira, à espera de meus pais que estão logo abaixo do cume. Estou mais abaixo que meus pais. Meus filhos estão no pé da montanha e acabam de sair de nosso acampamento de base. Escondo-me atrás de uma rocha e meus filhos me ultrapassam. Quando volto ao caminho e os vejo acima de mim, sinto-me eufórico."

Entre outras coisas, o sonho de Robert retrata sua visão da expedição da vida – do nascimento à morte, do berço (acampamento de base) ao túmulo (uma cabana de madeira). Ele também representa seu desejo inconsciente de escapar do tempo, de trocar de lugar com os filhos, de modo a poder ter um futuro à sua frente ainda mais longo que o deles.

Em geral, a inveja que estou descrevendo é inconsciente: furtiva, resistente a investigação ou corroboração. Nós a vislumbramos em nossos sonhos, mas também em nossos atos falhos e enganos. Conheço uma mãe, criada na pobreza, que se sentiu emocionada ao comprar um conjunto de lã para a filha na Prada; poucas horas depois, porém, jogou a saia acidentalmente na máquina de lavar, arruinando-a. A inveja muitas vezes vem disfarçada numa correção – o pai desencoraja seu filho entusiástico com palavras como "insolente" ou "precoce"; a mãe queixa-se de que o filho é ingrato: "Você não sabe a sorte que tem", "Nunca tive uma coisa assim." Quando invejamos nossos filhos, nós nos enganamos – nós os subestimamos e nos valorizamos demais.

Não precisamos ser pais para sentir essa inveja particular. Um treinador pode invejar seu atleta, um professor pode invejar seu aluno e – seria injusto não incluir isso – um psicanalista pode invejar seu paciente. Por vezes nossos pacientes são mais jovens, mais inteligentes e financeiramente mais bem-sucedidos que nós. E não é assim tão incomum que o psicanalista consiga ajudar um paciente a resolver um problema com o qual o próprio psicanalista vem lutando, sem sucesso, em sua vida. Qualquer "figura parental" pode ser estorvada por essa forma particular de inveja.

A questão é essa: podemos nos desvencilhar dessa inveja alcançando uma aceitação de nós mesmos e de nosso lugar no tempo, de modo a podermos desfrutar os prazeres e sucessos de nossos filhos? Pois, em seu grau máximo, invejar o próprio filho é um grande infortúnio psicológico, e corremos o risco de perder tanto nosso equilíbrio mental quanto nosso filho.

Dez anos atrás, Stanley P., um viúvo de 77 anos com quatro filhos, foi encaminhado a mim por seu médico de família. Suas atividades estavam cada vez mais restritas – com isso, logo percebi, ele evitava sentir inveja dos outros. Ele não viajava e só convivia com pessoas por quem sentia desprezo – aquelas que contratava para fazer serviços avulsos, por exemplo. Sentia-se desconfortável com os filhos. Para cada um, queixava-se dos outros – de seus maridos e esposas, dos presentes de aniversário que lhe haviam dado ou da frequência de seus telefonemas. O comportamento de Stanley havia levado seus filhos a se retirar pouco a pouco de sua vida – e isso só confirmava sua ideia de que eram egoístas.

Um dia Stanley descreveu uma visita da filha; ela costumava levar o marido e os filhos para visitá-lo várias vezes por ano, mas agora ia sozinha, no máximo uma vez por ano.

Ao me contar sobre o momento em que se despediu dela, segurando-lhe a mão num café de aeroporto, Stanley ficou choroso. Ele se lembrou de uma época em que a filha era pequena e ele ficava junto da porta do quarto dela, do lado de fora, enquanto ela tentava ler *A história da senhora Pisca-Pisca* para seu ursinho. Mas essa lembrança, e seus sentimentos de terna tristeza, logo deu lugar a uma lista de queixas – sobre a brevidade da visita da filha, a barateza de seu presente de despedida. E ela ficou perdida para ele novamente. O que restava dos sentimentos de amor pela filha tinha poucas chances contra a narrativa grandiosa que sua inveja escrevera.

Sobre querer o impossível

MINHA PACIENTE, uma profissional liberal de meia-idade chamada Rebecca, dobrou o casaco sobre o espaldar de uma cadeira e acomodou-se no sofá. Durante cinco minutos, ficou em silêncio. Depois disse: "Vou ter de falar sobre sexo hoje."

Era uma segunda-feira. Rebecca começara a vir me ver no ano anterior, pouco depois da morte da irmã mais velha. Ela estava surpresa com a intensidade de seus sentimentos de perda e ansiedade. Esses sentimentos haviam diminuído, mas agora ela estava mais consciente de sua mortalidade – "Não estou vivendo minha vida tão plenamente quanto possível", disse-me ela, "mas não sei ao certo o que gostaria que minha vida fosse." Seu relacionamento com o marido parecia melhor, mas por vezes ela temia ter feito a escolha errada.

Rebecca e o marido, Tom, tinham passado a noite anterior em casa – sushi, um pouco de champanhe e um DVD. Eles tinham tomado um banho de banheira juntos e passado um longo tempo fazendo amor. "Tive um ótimo orgasmo", disse-me ela. Normalmente, isso lhe teria garantido uma noite de sono pesado. Em vez disso, ela acordara às quatro e meia da madrugada, e, incapaz de voltar a dormir, resolveu se masturbar. Logo depois, caiu no sono e teve o que chamou de "sonho sexual".

Durante nossa sessão, Rebecca tentou reconstruir o sonho. "Era sobre um homem, talvez um antigo namorado da universidade, ele estava se apertando contra mim", disse ela. "Ele segurou – não, deu tapinhas na minha cintura. Não me lembro de muita coisa, só que ele me queria." Ela acordara sentindo-se privada de alguma coisa.

"Seria de esperar que o sexo ou a masturbação tivessem sido suficientes – o que está acontecendo comigo?"

Conversamos sobre os dias que haviam antecedido o sonho. Na noite de sábado, ela promovera um jantar num restaurante para comemorar seus cinquenta anos. Seus pais vieram da Escócia. Georgia e Anne, suas filhas, ajudaram a organizar o jantar e escolheram o cardápio. Seu caçula, Oliver, deveria ter ido da universidade em Sussex para o restaurante, mas não apareceu. O marido de Rebecca passou boa parte da noite do lado de fora do restaurante tentando falar com o filho pelo celular. "Ele ficou fora de seu lugar à mesa a noite toda", disse ela. "Eu não sabia se devia ficar preocupada ou furiosa."

Na tarde seguinte, Rebecca conseguira finalmente falar com Oliver. Ele disse que surgira algo importante no último minuto e que a bateria de seu celular estava descarregada, por isso não havia ligado. Rebecca supôs que ele tinha simplesmente resolvido passar a noite de sábado com os amigos. "Para ser franca, acho que ele apenas não quis se dar ao trabalho", disse-me ela.

Para o marido de Rebecca, a noite no restaurante confirmava seus sentimentos de que o filho se distanciara deles. "Tom diz que está apenas esperando algum desastre – que a polícia apareça em nossa porta", disse ela. Rebbeca recordou a ousadia de Oliver, sua teimosia quando criança. Certa vez, ela contou, quando era muito pequeno, ele escapuliu de casa enquanto ela preparava o banho dele. Como a mãe não lhe dera um sorvete depois do chá, ele atravessou a rua movimentada para ir comprar um na banca de jornal.

Ao ouvir minha paciente, comecei a pensar que seu comportamento sexual era uma defesa, uma reação à tristeza, à raiva e à ansiedade que seu filho provocara. Suspeitei, e ela suspeitou também, que estava usando o sexo como um antidepressivo – como um meio de substituir momentaneamente o vazio e o medo com a excitação de ser desejada. Ela observou que o sexo também ajudava a obscurecer pensamentos perturbadores – como a ideia lançada por Tom de que a imprudência de Oliver um dia levaria a polícia à casa deles.

Mas isso não estava inteiramente certo – pois embora seu comportamento sexual agora parecesse a nós dois um meio para se defender de certos sentimentos, não tinha sido essa a sua impressão no momento. Na verdade, a noite toda ela sentira que estava à procura de alguma coisa. A masturbação seguiu-se ao sexo, e o sonho seguiu-se à masturbação, porque havia alguma coisa que ela queria, não alguma coisa de que estivesse tentando escapar. Ela tinha saído da cama sentindo-se privada de algo, não deprimida. Mas por quê?

O que ela queria?

De repente, sacudida por uma lembrança, Rebecca se mexeu no sofá.

Começou a me contar sobre um dia ensolarado que passara uma vez no parque com Oliver e a mãe. O menino tinha três anos na época. Eles compartilhavam um cobertor, vendo crianças mais velhas soltar pipas com os pais. Rebecca mostrava para a mãe o cartão de Dia das Mães que Oliver fizera para ela na creche. Na frente do cartão, ele colorira cuidadosamente um trem a vapor. Dentro, onde claramente se esforçara mais, ele havia desenhado duas longas fileiras de Xs, representando beijos. Ollie se apoiou nela, abraçou-a por trás, depois se contorceu para pular no seu colo.

"Por que permite que ele a use como um trepa-trepa?", sua mãe perguntou. Rebecca ficou pasmada – nunca lhe ocorrera que não devia.

Após uma pausa, ela me disse: "Ollie estava sempre me tocando. Não suportava que eu ficasse fora de sua vista. Se eu estava ao telefone ou falando com outra pessoa, ele costumava tentar obter minha atenção; dava tapinhas na minha cintura e ficava repetindo: 'Mamãe, mamãe, mamãe.'"

Ao mesmo tempo, nós dois ouvimos essas palavras – "dava tapinhas na minha cintura" – e lembramos seu sonho: "ele dava tapinhas na minha cintura... ele me queria." E nós dois compreendemos que não fora com um ex-namorado que ela sonhara. "Foi com Ollie e comigo mesma que sonhei, não é?", ela perguntou.

Nenhum de nós falou.

"Sinto falta de tê-lo como meu bebê", ela disse.

Rebecca ansiava por algo impossível: uma época que seu garotinho de três anos a segurava, escalava, beijava, fuçava, amava. Ansiava por ter Oliver exigindo insistentemente sua atenção – *mamãe, mamãe, mamãe* –, por sentir a mão dele tocando-lhe a cintura, e por sentir que ele precisava dela novamente.

Sobre o ódio

JESSICA B. COMEÇOU sua sessão na manhã de segunda-feira falando-me sobre seu fim de semana. Ela e o marido, Paul, tinham deixado a filha de quatro anos com os pais dela e ido a Cambridge para tentar vender um projeto arquitetônico. Paul sugeriu que passassem a noite lá, e o cliente deles, uma faculdade, havia providenciado para que se hospedassem num prédio histórico. "Medieval, estrutura de madeira, com uma fantástica lareira original", me contou Jessica. "Era perfeitamente aconchegante."

A venda fora bem-sucedida e Paul quis comemorar. Ele preparou um jantar romântico para dois e acendeu a lareira. Jessica tomou um banho de banheira e ao sair encontrou Paul vestindo o suéter de cashmere que ela lhe dera de Natal. "Ele estava tão fofo." Os dois jantaram e aconchegaram-se em frente à lareira. "Foi gostoso. Sei que Paul queria fazer sexo, mas eu simplesmente não estava disposta. Gostaria de estar, mas não estava. Ele não ficou aborrecido comigo – ele é mesmo um doce."

Algo na maneira como Jessica disse isso – *um doce* – me irritou. "Você pode ouvir as palavras que está usando?", perguntei. "'Fofo', 'aconchegar', 'doce' – essas são palavras que poderíamos usar para descrever uma criança, não um homem que quer fazer sexo."

"Mas doce *é* como chamo Paul – você quer que eu use outras palavras?"

Não, respondi, eu queria que ela usasse suas próprias palavras. Mas parecia que suas palavras sugeriam que ela dessexualizava Paul.

Talvez, ela disse. Na semana anterior, no estacionamento do supermercado, ela havia visto um homem por quem tinha uma queda na universidade. Os dois não foram namorados, ela não o conhecia bem, mas lá estava ele, ajudando duas crianças pequenas a sair de um carro. Ele ainda era atlético e alto; vendo-o com os filhos, Jessica o achou ainda mais atraente. Desde aquele momento no estacionamento, ela imaginou como seria ter um caso com ele. Em seguida calou-se.

Ela já havia me contado que Paul malhava e se cuidava – ela ainda o achava atraente, mas não se sentia atraída por ele. "O que estou tentando entender é por que Paul é agora 'fofo, um doce' – e esse homem no estacionamento, 'atlético e alto'", eu disse.

Ela não conseguiu explicar. Lembrou-se de quando foi buscar Paul no aeroporto, várias semanas antes. Ele tinha passado dois dias fora visitando uma obra e ela sentiu sua falta. No táxi, indo para casa, ela o puxou para junto de si e começou a beijá-lo, mas quando ele correspondeu a seu beijo, ela se ouviu dizendo que ele devia colocar o cinto de segurança. "Sou eu", disse Jessica. "Eu me fecho."

Ela se lembrou de quando começaram a namorar. Uma viagem de táxi de um restaurante no West End até o apartamento de Paul – "Não conseguíamos tirar nossas mãos um do outro". Mas namorar a deixava irritável. De certa maneira, aquele tinha sido um dos períodos mais ansiosos de sua vida.

Havia dias em que ela se sentia convencida de que Paul estava procurando uma pessoa mais sexy, mais bem-sucedida. Estaria ele esperando que alguma coisa melhor aparecesse? Ela odiava a incerteza.

Enquanto a ouvia, pensei em nosso primeiro encontro. Jessica me fora encaminhada vários meses antes por seu médico. Segundo ele, ela estava esmagada pelo esforço para equilibrar trabalho, família e os cuidados requeridos pelos pais idosos. Durante esse primeiro encontro ela me disse que não compreendia por que seu casamento tinha esfriado tanto; ela e Paul quase não transavam mais.

Seu problema era bastante comum, e tem sido discutido por psicanalistas por mais de cem anos. Freud considerava que, em termos de sofrimento dos seus pacientes, essa situação só perdia para a ansiedade. "Onde eles amam, não desejam, e onde desejam, não podem amar", escreveu ele. Há muitas razões pelas quais esse impasse pode se desenvolver numa pessoa, e muitas soluções. Jessica comportava-se como os pacientes descritos por Freud, mas depois de três meses de psicanálise eu não sabia por quê. Tentar conversar com ela sobre isso parecia não surtir nenhum efeito. Eu sentia que não estava indo a parte alguma.

Relutando em repetir minhas ideias, ou repisar terreno batido, permaneci em silêncio até o fim da sessão, quando ela pegou suas coisas e saiu.

Inusitadamente, no dia seguinte, Jessica faltou à sessão. Deixou uma mensagem na secretária eletrônica dizendo que não viria durante toda aquela semana e que explicaria da próxima vez que estivesse comigo.

Na segunda-feira ela chegou atrasada. No fim das contas, ela e Paul não tinham pegado o trabalho de Cambridge. Passara a semana toda tão ocupada, disse-me ela, que não tivera tempo de pensar sobre isso, ou de vir às sessões. Ela e Paul contavam financeiramente com o trabalho. Era um grande projeto para a firma. Ela estava certa de que era o melhor. "Estive deprimida."

"Impressiona-me que você não tenha pensado em me telefonar ao se sentir deprimida."

"Eu não sabia que você precisava tanto de mim", respondeu ela, e riu. "Seus outros pacientes não lhe trazem problemas suficientes?"

Ouvindo Jessica, ocorreu-me que ela queria ser a mãe ocupada, e eu, junto com seu marido, mais uma criança exigente. Disse-lhe isso e lembrei-a de algo que ela havia me contado antes com evidente orgulho: seu peso raramente mudava; podia controlar sua fome. Ela confessara que não comer a fazia se sentir um pouco superior, em especial quando outros estavam se empanturrando.

"É assim mesmo que eu sou", disse ela. "Você quer que eu seja como a maioria das pessoas e coma para me confortar quando estou deprimida?"

Falei que estava levantando a questão à luz de nossa conversa sobre sexo na semana anterior – que eu me perguntava se ignorar sua fome sexual a ajudava a se sentir um pouco melhor, a punha para cima.

Minha questão irritou Jessica. Ela foi embora sem se despedir.

No dia seguinte ela voltou e me disse que, embora pudesse haver alguma coisa no que eu estava dizendo, isso não explicava por que ela e o marido tinham parado de fazer sexo.

Perguntei se ela podia se lembrar do que havia acontecido – alguma coisa específica que talvez a tivesse levado a se afastar de Paul?

Foi depois que sua filha, Phoebe, nasceu, contou. "Isso é natural, suponho. Eu estava completamente privada de sono, vazando leite, e sentia que com mais uma noite sem dormir ficaria louca. A última coisa que eu queria era sexo."

Ela se lembrou de uma noite específica. Phoebe ainda não comia alimentos sólidos; devia ter apenas uns seis meses. Jessica ainda a amamentava. Ela estava tentando fazer Phoebe seguir um horário, dormir a noite toda. Às dez horas, depois de amamentá-la, colocou a filha no berço. Por volta da meia-noite, Phoebe começou a chorar. Jessica pensou que seria possível fazê-la dormir de novo apenas a embalando. Paul encarregou-se disso por um longo tempo, mas Phoebe não se acalmava. Ele se convenceu de que a menina precisava de mais leite.

Jessica e Paul deram início a uma briga terrível. Ela achava que o marido não a apoiava em sua tentativa de submeter Phoebe a um horário regular, que ele estava minando o seu esforço. Ele respondeu que se ela não desse o peito para Phoebe, ele iria descongelar um pouco do leite materno armazenado no freezer e dar ele mesmo a mamadeira. O que se viu foi que ele estava certo – por alguma razão Phoebe ainda estava com fome. "Eu achei que ela conseguiria se acalmar sozinha."

A noite ficou pior. Phoebe caiu num sono profundo, eles voltaram para a cama, e Jessica começou a chorar. Ela esperava que Paul a abraçasse, mas ele se virou de lado, dando-lhe as costas. "Perguntei por que não ia me fazer um carinho – e ele respondeu: 'Achei que você conseguiria se acalmar sozinha.' Passei a noite toda acordada, furiosa com ambos, Phoebe e Paul. Eu odiei os dois."

Jessica deu um suspiro. Disse-me que antes de engravidar sempre imaginou que iria saber exatamente o que fazer. Pensava que seria uma boa mãe, certamente melhor que sua própria mãe, melhor que a maioria de suas amigas – e que ter um bebê reforçaria sua relação com Paul.

"Você esperava que ter um bebê fosse desfazer a infelicidade de sua infância", eu disse.

"Eu achava que iria encontrar um tipo de amor com meu bebê que nunca conhecera antes", disse ela. "Um calor compartilhado, um entendimento", continuou. "E encontrei – mas eu não sabia que um minúsculo bebê podia também me deixar tão furiosa."

Quando Phoebe não dormia, ou, uma vez, quando mordeu outro bebê no tanque de areia, Jessica se viu com uma raiva descontrolada. O choro da filha era particularmente difícil – "ela uivava, e cada vez que uivava era como se dissesse que eu era uma mãe horrível. Eu não fiz nada – não a agarrei ou sacudi, mas senti que podia fazê-lo. Foi horrível". Jessica se mexeu no sofá. "Sempre achei que eu fosse uma pessoa legal", disse ela, "até ter um filho."

Por vezes, quando se sentia mal consigo mesma, ela queria que Paul a apoiasse, lhe reafirmasse que ela era uma boa mãe. Quando o pensamento de Paul diferia do seu, ela não conseguia suportar. Tinha a impressão de que ele a criticava também. Olhando para trás agora, Jessica se dava conta de que sempre havia recobrado rapidamente seus sentimentos afetuosos por Phoebe, mas não por Paul.

Eu lhe disse então que ela poderia estar usando Paul. Se Paul era o problema, ela podia continuar pensando em si mesma como uma boa mãe e em Phoebe como um bom bebê.

Inesperadamente, Jessica sentou-se no sofá. Lembrara-se de mais uma coisa. Um dia ela estava tomando chá com uma amiga na cozinha e Paul puxou uma cadeira para a mesa. Nesse instante, Phoebe, que estava sentada no colo de Jessica, estendeu a mão para agarrar a caneca da mãe, derrubando-a no chão. Ela se espatifou. "Gritei com Paul, chamei-o de idiota. Minha amiga caiu na gargalhada. Eu realmente acreditei que a maneira como Paul se sentara havia feito Phoebe quebrar minha caneca favorita."

"Seu primeiro impulso foi culpar Paul, odiá-lo – de modo a não odiar Phoebe. Será difícil desejar Paul se você está achando útil odiá-lo."

Levando as mãos ao rosto, Jessica fez um som que não reconheci a princípio. Eu nunca a vira chorar.

No fim da sessão, quando Jessica se levantou para sair, lembrei-me de minha impaciência com a palavra "doce". Doce não era um sinal de intimidade – era ódio revestido de açúcar.

Há mais uma coisa a acrescentar. Algumas semanas depois, no trabalho, Jessica viu Paul se preparando para apresentar um projeto a um cliente, com sua assistente, uma inteligente e bonita arquiteta recém-formada. Jessica nunca havia notado os dois juntos, mas agora, olhando de sua mesa, ela os viu na sala de reunião, a maneira como se tocavam quando conversavam, como os dois riam de alguma coisa que ele dissera – e ela realmente, realmente o quis.

Como a paixão nos impede de amar

Mary N., uma dona de casa de 46 anos com três filhos, foi internada em estado maníaco. Pouco antes de seu colapso, ela tinha ido com o marido a uma festa na casa do vizinho, e lá conheceram um homem chamado Alan, um advogado que ficara viúvo há pouco tempo. A certa altura da noite, Mary e Alan haviam entabulado uma conversa na cozinha. Falaram abertamente sobre a dor dele com a morte da mulher e a dela com a morte recente de uma irmã, causada por câncer. Ele a convidou para almoçar em sua casa na sexta-feira seguinte. Chegado o dia, Mary apareceu à porta da casa de Alan com um buquê de peônias, uma garrafa de Sancerre e uma caminhonete de mudança com alguns móveis grandes. Alan deu as boas-vindas à convidada e aceitou seus presentes – mas ao ver o pessoal da mudança começou a compreender inteiramente sua intenção. Quando ele se recusou a deixá-la entrar, Mary ficou frenética, chorando e rasgando suas roupas. Alan ligou para o marido dela, que, por sua vez, ligou para o médico da família.

Quatro meses depois de se separar da mulher, Isaac D., um cirurgião de 41 anos, compareceu a uma conferência nos Estados Unidos. Sentado num bar no aeroporto, ele conheceu uma dentista de 29 anos chamada Anna. Os dois conversaram por cerca de uma hora e depois cada um seguiu seu caminho. De volta a Londres, Isaac usou a internet para localizar a jovem.

Dois dias depois, carregando uma braçada de flores e um colar de pérolas com berloques, ele entrou no consultório dentário dela em Buenos Aires. Imediatamente, Anna telefonou para o pai e para o noivo; ambos foram ao consultório e tentaram fazer Isaac ir embora. Só depois que a polícia chegou e ele foi ameaçado de prisão, Isaac finalmente concordou em se retirar. Uma semana depois, sentado em meu consultório, ele me contou que sempre fora propenso a paixonites, mas dessa vez fora diferente, realmente se apaixonara. Só havia concordado em vir me ver porque seu médico insistira. Estava disposto a discutir seus sentimentos de rejeição, mas não conseguia ver o que havia de errado em seu comportamento. "Sou apenas um romântico à moda antiga", disse.

A maioria de nós já sofreu por conta de paixão uma vez ou outra, em maior ou menor grau. Em casos graves, a paixão pode levar a comportamentos ilusórios (perseguição, por exemplo) ou obsessão sexual. Quando estamos apaixonados, sentimos que nossas fronteiras emocionais, as paredes entre nós e o objeto de nosso desejo, desapareceram. Sentimos intenso anseio físico, uma dor. Acreditamos estar amando.

Muitos psicanalistas pensam que a paixão é uma forma de regressão, que ao ansiar por intensa proximidade, somos como bebês ansiando pelo abraço de nossas mães. É por isso que corremos mais risco quando estamos lutando com perda ou desespero, ou sozinhos e isolados – não é incomum que pessoas se apaixonem durante o primeiro período da universidade, por exemplo. Mas esses sentimentos são realmente amor?

"A paixão é o pedaço empolgante que vem no começo; amor verdadeiro é o pedaço chato que vem mais tarde", disse-me o poeta Wendy Cope. "As pessoas apaixonadas adiam a confrontação de suas fantasias com a realidade." Mas, dada a angústia que a paixão pode causar – a perda da liberdade mental, a insatisfação com o próprio eu e a terrível dor –, por que alguns de nós adiamos a confrontação com a realidade por tanto tempo?

Muitas vezes o fazemos porque encarar a realidade significa aceitar a solidão. E embora a solidão possa ser útil – motivando-nos a encontrar alguém novo, por exemplo –, o medo dela pode funcionar como uma armadilha, enredando-nos em sentimentos de desolação por um tempo muito longo. Em sua pior forma, a paixão pode se tornar um hábito mental, uma maneira de pensar sobre o mundo não de todo diferente da paranoia.

Muitos anos atrás, tive uma paciente chamada Helen B., uma jornalista freelancer de 37 anos. Durante nove anos, Helen vinha mantendo um caso com um colega casado chamado Robert. Nas garras da paixão, ela era incapaz de pensar sobre ele de maneira racional. Durante anos, Robert tinha quebrado as promessas que lhe fazia. Ele sugeria que fizessem uma viagem de férias juntos, mas depois, em vez disso, levava a esposa. Havia prometido deixar seu casamento quando seu filho caçula fosse para a universidade – mas esse dia chegou e passou, e ele não deu um passo. Três meses depois que Helen começou sua psicanálise, Robert lhe disse que se apaixonara por uma nova pessoa e estava deixando sua esposa por ela. Helen não rejeitou ou negou essa informação, mas parecia incapaz de compreender suas implicações. Ela me disse que podia "enxergar através dela" e saber "o que estava realmente acontecendo".

"Meus amigos sempre disseram 'Robert nunca vai deixar a mulher', mas eles estavam errados – ele a está deixando", disse, triunfante. Contou-me que estava "empolgada" – acreditava que a nova namorada de Robert nunca "seria capaz de lidar com ele", de modo que ele acabaria voltando para ela. Isso era uma possibilidade, é claro, mas para Helen parecia ser uma certeza, e ela se recusava a admitir o óbvio: Robert se apaixonara por outra pessoa. Como os paranoides, os apaixonados são ardorosos coletores de informação, mas logo se percebe uma intenção inconsciente em suas observações – todo novo fato confirma sua ilusão.

Durante o primeiro ano de análise de Helen, descobri que não podia ajudá-la a pensar de maneira diferente. Ela me lembrava os teóricos da conspiração que acreditam que o príncipe Philip assassinou a princesa Diana, ou que a CIA planejou os ataques de 11 de setembro – nenhuma quantidade de evidências podia balançar suas convicções. Quando tentei mostrar que nada que Robert fizesse parecia alterar os sentimentos dela em relação a ele, Helen ficou irritada. "Não é nisso que consiste o verdadeiro amor?"

Quando leciono técnica psicoterapêutica, muitas vezes incluo *Canção de Natal*, de Charles Dickens, na lista de leituras. Faço-o porque acredito ser essa uma história sobre uma transformação psicológica extraordinária, e que Dickens nos ensina algo de essencial sobre o modo como as pessoas mudam.

Na história, o mesquinho Scrooge é visitado por três fantasmas. O fantasma do Natal passado faz Scrooge retornar à infância, a uma série de momentos infelizes: seu pai o abandonando num internato, sua irmã mais moça morrendo, sua própria escolha de rejeitar a noiva para se dedicar a ganhar dinheiro. O fantasma do Natal presente mostra a Scrooge a generosidade da pobre família Cratchit, cujo membro mais frágil, Tiny Tim, está morrendo – resultado direto da recusa de Scrooge em pagar a Bob Cratchit um salário decente. Quando o espírito do Natal futuro lhe mostra seu próprio túmulo abandonado, Scrooge finalmente se transforma.

Scrooge não muda por estar amedrontado – muda por estar assombrado, obsedado. Podemos estar com medo de engordar, mas isso sozinho provavelmente não nos fará mudar nossa dieta. A obsessão é diferente. Ela nos faz sentir – nos torna despertos para – algum fato sobre o mundo, alguma informação que estamos tentando evitar.

Que conhecimento Scrooge está tentando evitar?

Scrooge não quer pensar sobre a morte da mãe, a morte da irmã ou a perda da noiva – ele não suporta a ideia de que o amor termina. Dickens nos conta que antes de se deitar, Scrooge come sozinho e lê seu livro-caixa – os depósitos, retiradas e juros pagos. A meu ver isso significa que ele passa suas noites se confortando; enquanto analisa seu livro, pensa consigo mesmo: "Está vendo? Nenhuma perda, somente ganhos."

Em última análise, Scrooge muda porque os fantasmas descosturam sua ilusão de que é possível viver uma vida sem perda. Eles a desfazem assombrando Scrooge com as perdas que ele já experimentou, as que estão sendo sofridas agora à sua volta e a perda inevitável de sua vida e de seus bens.

A história de Dickens ensina outra lição: Scrooge não pode refazer seu passado nem ter certeza do futuro. Ao despertar na manhã de Natal pensando de uma nova maneira, ele pode mudar seu presente – e mudar só pode ocorrer aqui e agora. Isso é importante porque a tentativa de alterar o passado pode fazer com que nos sintamos impotentes, deprimidos.

Mas a história de Dickens aponta para uma lição adicional, mais sombria e inesperada. Por vezes a mudança vem não porque pretendemos nos consertar, ou reparar nossa relação com os vivos; por vezes mudamos mais quando reparamos nossa relação com os perdidos, os esquecidos, os mortos. Enquanto sofre por aqueles que havia amado, mas tirado de sua mente, Scrooge começa a recuperar o mundo que perdera. Ele ganha vida.

Assim se, inadvertidamente, um paciente me revela o que o assombra – o pensamento que ele conhece, mas se recusa a pensar –, minha função é ser como um dos fantasmas de Dickens: manter o paciente na cena, deixá-la fazer o trabalho.

Uma segunda-feira, durante seu segundo ano de análise, Helen contou que havia encontrado uma editora de jornal que conhecia numa galeria de arte. Desde que Helen podia se lembrar, essa editora, uma mulher na casa dos cinquenta anos, sempre tivera uma aparência impecável – cabelo e unhas perfeitas; pele fresca, luminosa. "Ela tem roupas e joias fabulosas", disse-me. "Mas, afinal, ela tem condições de gastar muito tempo e dinheiro consigo mesma porque não tem família." Helen sempre admirara essa mulher, mas nessa ocasião, cercada por pessoas mais jovens, a editora pareceu deslocada, cansada. Quando estava prestes a sair, Helen percebeu de relance a mulher no bar. "Ela estava ruidosa demais, esforçando-se demais, parada perto demais daquele rapazinho – foi embaraçoso."

Perguntei a Helen se ela queria que eu lhe assegurasse que ela não iria acabar como a editora.

"Eu morreria se ficasse daquele jeito – já pensou ficar assim? Sem marido? Sem família? Fazendo papel de boba numa exposição chique de arte?" Helen calou-se por alguns minutos. Depois mudou de assunto.

"Acho que você me contou a história da editora porque tem medo de ter vislumbrado seu próprio futuro", eu disse.

Nos meses seguintes, de tempos em tempos, eu fazia Helen voltar àquela noite na galeria. A "cena no bar" tornou-se uma espécie de abreviatura entre nós, representando a negação de Helen da passagem do tempo, seu desejo de eternizar o presente.

Muitas coisas produziram uma mudança em Helen. Mas penso que essa imagem do que ela poderia se tornar foi uma delas. Desde que eu a conhecia, Helen era perturbada pela ideia de que a partir do momento em que conhecera Robert – quase dez anos antes – ela havia ficado congelada no tempo. Ela observava a vida das pessoas à sua volta se transformar – suas amigas estavam casando, tendo filhos –, enquanto a sua estava empacada, não saía do mesmo lugar. Ao assistir ao casamento de uma amiga, ela se perguntava: "Por que ele não quer se comprometer? O que há de errado comigo?"

Mas alguma coisa começou a mudar. Um dia, Helen descreveu o chá de bebê de uma amiga. Só mulheres haviam sido convidadas, suas amigas da universidade. Em vez de falar sobre se ela e Robert iriam ou não ter um bebê algum dia, conversamos sobre as amigas de Helen – a proximidade delas, e o genuíno interesse de umas pelas outras. Ela podia ver que a intimidade que as unia havia se aprofundado e seguiria assim.

Uma noite, um pouco depois desse episódio, durante um jantar com esse mesmo grupo, Helen viu a si mesma através dos olhos das amigas – como uma mulher apaixonadamente envolvida com alguém que não era real e desconectada das pessoas que realmente se importavam com ela. Ela pensou muitas vezes que suas fantasias com Robert talvez a estivessem privando de um marido e de um bebê, mas pela primeira vez compreendeu que elas a estavam privando do amor de suas amigas. "Senti-me enjoada de tristeza ao pensar sobre o que havia perdido", disse-me Helen. Durante a sobremesa, seu celular tocou; ela viu que era Robert, e não atendeu. Virou-se para dedicar-se às amigas.

Mudar

Como o medo de perder pode nos levar a perder tudo

QUANDO O PRIMEIRO AVIÃO bateu na torre norte do World Trade Center, Marissa Panigrosso estava no 98º andar da torre sul, conversando com duas colegas de trabalho. Ela sentiu a explosão tanto quanto a ouviu. Uma golfada de ar quente atingiu-lhe o rosto, como se a porta de um forno tivesse acabado de se abrir. Uma onda de ansiedade varreu o escritório. Marissa Panigrosso não parou para desligar o computador, ou mesmo para pegar sua bolsa. Rumou para a saída de emergência mais próxima e saiu do prédio.

As duas mulheres com quem conversava – incluindo a colega que compartilhava sua baia – não saíram. "Lembro-me de que saí e ela simplesmente não veio atrás", contou Marissa numa entrevista à American National Public Radio. "Eu a vi ao telefone. E a outra mulher também. Ela estava na minha diagonal, falava ao telefone e não quis sair."

De fato, muitas pessoas no escritório de Marissa Panigrosso ignoraram o alarme de incêndio, e também o que viram acontecer na torre norte, a quarenta metros de distância. Algumas foram para uma reunião. Uma amiga de Marissa, uma mulher chamada Tamitha Freeman, voltou depois de ter descido vários lances de escada. "Tamitha disse: 'Tenho de voltar para pegar as fotos do meu bebê'. E nunca saiu de lá." As duas mulheres que ficaram para trás falando ao telefone e aqueles que haviam ido para a reunião também perderam a vida.

No escritório de Marissa Panigrosso, como em muitos outros escritórios do World Trade Center, as pessoas não entraram em pânico ou correram para sair. "Isso me pareceu muito estranho", disse Marissa. "Eu perguntei à minha amiga: 'Por que está todo mundo aí parado?'"

O que pareceu estranho a Marissa é, na verdade, a regra. Pesquisas mostraram que, quando um alarme de incêndio soa, as pessoas não agem imediatamente. Elas falam umas com as outras e tentam entender o que está acontecendo. Ficam paradas.

Isso deveria ser óbvio para todos que já participaram de um treinamento de incêndio. Em vez de deixar um prédio, nós esperamos. Esperamos por mais indícios – cheiro de fumaça ou o conselho de alguém em quem confiamos. Mas há também evidências de que, mesmo com mais informação, ainda assim muitos de nós não daremos um passo. Em 1985, 56 pessoas morreram quando um incêndio irrompeu nas arquibancadas do estádio de futebol Valley Parade em Bradford. Mais tarde, um exame atento de sequências televisionadas mostrou que os torcedores não reagiram de imediato e continuaram a assistir tanto ao incêndio quanto ao jogo, não se deslocando em direção às saídas. E pesquisas mostraram, repetidas vezes, que quando nos movemos seguimos velhos hábitos. Não confiamos em saídas de emergência. Quase sempre tentamos sair de um lugar pela mesma porta pela qual entramos. A reconstituição forense após um famoso incêndio em um restaurante no Beverly Hills Supper Club, em Kentucky, confirmou que muitas vítimas tentaram pagar antes de sair, por isso morreram numa fila.

Após 25 anos como psicanalista, não posso dizer que isso me surpreende. Resistimos à mudança. Comprometermo-nos com uma pequena mudança, mesmo que ela seja inequivocamente do nosso interesse, é com frequência mais assustador que ignorar uma situação perigosa.

Somos veementemente fiéis à nossa visão do mundo, nossa história. Queremos saber em que nova história estamos entrando antes de sair da velha. Não queremos uma saída se não soubermos exatamente para onde ela vai nos levar, nem mesmo – ou talvez especialmente – numa emergência. Isso é assim, apresso-me a acrescentar, quer sejamos pacientes ou psicanalistas.

Pensei em Marissa Panigrosso inúmeras vezes desde que ouvi sua história. Eu a imagino em seu escritório. Vejo a tela de seu computador, as amplas janelas. Sinto os cheiros de perfume e café da manhã, e em seguida a primeira colisão. Vejo-a andar em direção à saída de emergência e escapar. Vejo seus colegas parados. Tamitha Freeman sai, e em seguida, poucos minutos depois, volta em busca das fotos de seu bebê. Vejo-me lá – na torre sul – e pergunto a mim mesmo: o que eu teria feito?

Quero acreditar que eu teria saído com Marissa Panigrosso, mas não tenho tanta certeza. Eu poderia ter pensado: "O pior já passou." Ou temido sentir-me ridículo ao voltar no dia seguinte e descobrir que todos os demais haviam continuado a trabalhar. Talvez alguém tivesse me dito "Ei, não vá. O avião bateu na torre norte, a torre sul deve ser o lugar mais seguro em Nova York" – e eu tivesse ficado.

Hesitamos, em face da mudança, porque mudança é perda. Mas se não aceitarmos *alguma* mudança – para Tamitha, a perda das fotos de seu bebê – podemos perder tudo.

Considere Mark A., de 34 anos, que acaba de descobrir um caroço no testículo mas só quer procurar seu médico depois das férias na Grécia. Em vez de ir à consulta que sua mulher havia marcado, ele dedica-se a pequenos afazeres, comprando uma loção bronzeadora e camisetas para os filhos na Baby Gap."Tenho certeza de que não é nada", diz ele. "Verei isso quando voltarmos." Ou Juliet B., de 36 anos, que passou sete anos noiva de um homem que tem casos amorosos e visita prostitutas regularmente, e que se comporta como um "valentão" com seus clientes e colegas de trabalho. "Não posso deixá-lo", diz ela. "Para onde eu iria? O que eu iria fazer?"

Para Mark A. e Juliet B., o alarme de incêndio está soando. Ambos estão ansiosos com suas situações. Ambos querem mudança. Senão, por que dizer isso a um psicanalista? Mas estão parados, esperando – pelo quê?

Como o negativismo impede que nos rendamos ao amor

Sarah L. deveria passar o fim de semana fora com o namorado; no último minuto, porém, ela decide ficar em casa com os amigos e ver televisão. Surpresos, eles a estimulam a pensar melhor: "Você costuma se divertir muito viajando com o Alex", disseram-lhe. Mas Sarah não se deixa influenciar. "Simplesmente não estou a fim", diz.

Atraente, viva e bem-sucedida, Sarah começou a fazer psicanálise porque se sentia empacada – aos 35 anos, estava pronta para o casamento e com esperança de começar uma família. Durante os últimos anos, havia conhecido alguns homens que considerava "promissores", mas nenhum de seus relacionamentos durara. Ela não consegue dizer ao certo o que é, mas sente que talvez esteja fazendo alguma coisa para minar suas chances.

"Por que você não foi?", eu pergunto. "Ele é ardoroso demais", ela me diz sem convicção. "Só posso lhe contar o que disse a ele – 'acho melhor não'."

A frase de Sarah me surpreende – é conhecida, mas não consigo me lembrar de onde vem. Depois me lembro. É o bordão de um personagem da literatura: Bartleby, o escrivão, o personagem da novela de Herman Melville, publicada pela primeira vez em 1853. O protagonista de Melville é tão estranho que é difícil saber ao certo o que Melville queria que os leitores pensassem a seu respeito.

A história é narrada por um advogado, que admite em seu escritório em Wall Street um escrivão, ou copista juramentado, chamado Bartleby. Bartleby trabalha em uma mesinha escondida atrás de um biombo, sua única janela dando para uma parede de tijolos. Cada vez mais, ele responde às solicitações bastante razoáveis do advogado-patrão com as palavras "acho melhor não", recusando-se a fazer o que quer que seja. Enquanto os outros empregados trabalham, comem e bebem, Bartleby olha em silêncio pela janela. Ele nunca sai de sua sala, e a presença dele torna-se tão impossível que o advogado é forçado a mudar seu escritório para outro lugar. Quando os novos inquilinos não conseguem se livrar do persistente Bartleby, o advogado volta e tenta mais uma vez ajudá-lo.

"'Bartleby', disse eu, no tom mais amável que consegui adotar em circunstâncias tão perturbadoras, 'você quer ir para casa comigo agora – não para o meu escritório, mas para a minha residência – e ficar lá até que possamos chegar, sem pressa, a um arranjo que lhe convenha? Venha, vamos começar agora, neste instante.'"

"'Não. Neste momento eu preferiria não fazer absolutamente nenhuma mudança.'"

Nervoso, o advogado desaparece. A polícia leva Bartleby para o Palácio da Justiça, mais conhecido como os Túmulos. Quando o advogado o visita, Bartleby recusa-se a falar com ele ou a responder a seus apelos para que coma alguma coisa. Ao voltar, vários dias depois, o advogado encontra Bartleby enroscado, de cara para a parede da prisão, morto.

O negativismo – esse estado do espírito tendente ao "acho melhor não" – é nosso desejo de dar as costas para o mundo, repudiando fomes normais. Repetidamente, Bartleby vira-se para encarar a "parede de tijolo", "parede cega", "parede vazia", "parede da prisão" – o subtítulo de *Bartleby, o escrivão* é *Uma história de Wall Street*. Ele está cercado de comida – Melville até batizou seus três colegas de trabalho de Turkey (peru), Ginger Nut (biscoito de gengibre) e Nippers (patas de lagosta) –, mas recusa-se a comer e acaba morrendo de inanição autoinfligida.

O advogado faz várias tentativas de induzir Bartleby a sair de seu isolamento, mas ajudar, como ele descobre, não é tão fácil. De fato, a história sugere uma verdade sombria: é a ajuda do advogado que faz a situação de Bartleby piorar.

Li *Bartleby, o escrivão* como um retrato da luta contínua no âmago de nosso mundo interior. Em cada um de nós há um advogado e um Bartleby. Todos temos uma voz animadora que diz "vamos começar agora, neste instante" e uma voz oposta, negativa, que responde "Acho melhor não." Quando estamos nas garras do negativismo, perdemos nosso apetite para a conexão humana. Tornamo-nos Bartleby e transformamos os que estão perto de nós em advogados. Inconscientemente, arrastamos outras pessoas a pleitear nossa causa junto a nós.

Como exemplo disso, considere a adolescente anoréxica e sua mãe. Na recusa de alimento por parte da menina, você ouvirá Bartleby; nos apelos nervosos da mãe, você ouvirá o advogado. Como Bartleby, a anoréxica parece não sentir nenhuma ansiedade com relação à sua situação, cada vez mais grave. A ansiedade – que é sua motivação para a mudança – encontrou uma maneira de entrar na mãe. Podemos ouvir duas pessoas falarem, mas não é um diálogo o que estão tendo – o conflito interno da filha está sendo expressado por duas pessoas diferentes. Em minha experiência, se essa situação persistir, se as duas pessoas continuarem a encenar os papéis de Bartleby e do advogado, elas chegarão a um desfecho semelhante.

Quando Sarah me contou que havia decidido não viajar com Alex, também me senti inclinado a persuadi-la. Como todos os demais, psicanalistas podem se deixar enredar no papel do advogado; em vez disso, nosso papel é tentar encontrar uma questão útil. Nossa arma contra o negativismo não é a persuasão, é a compreensão. Por que essa recusa? Por que agora? Alex não tinha feito nada de particularmente errado; na verdade, ele provara ser atencioso e confiável. A mudança estava nela.

Conscientemente, Sarah queria encontrar alguém e se apaixonar; inconscientemente, porém, havia outra história. Nesse nível mais profundo, amar significava perder-se, perder seu trabalho, seus amigos; significava ser esvaziada, abandonada e possuída. Pouco a pouco, recordando as penosas perdas que sofrera na infância, bem como o profundo desespero que sentira no fim de seu primeiro relacionamento amoroso, começamos a compreender as recusas de Sarah. Ela era involuntariamente negativa porque a rendição e a ligação emocional representavam uma perda, não um ganho. O negativismo de Sarah era uma reação a seus sentimentos positivos, afetuosos, por Alex – era uma reação à perspectiva de amor.

Sobre perder a carteira

Daniel K. começou sua sessão contando-me esta história.

Ele estava em casa na tarde anterior quando o gerente de seu escritório telefonou com uma boa notícia – ele havia ganhado um importante concurso de arquitetura para projetar um museu em Chengdu, na China. Sendo o arquiteto mais jovem e o menos conhecido na lista dos finalistas, Daniel não esperava ganhar. Ele ficou exultante – essa era, ele sentia, a grande conquista de seu pequeno escritório – e imediatamente combinou com a mulher comemorar num restaurante no West End.

Ele decidiu pegar o metrô. "Depois de me sentar, puxei minha carteira e guardei o bilhete dentro. Depois – e é isso que não entendo – pus a carteira no assento a meu lado. Pensei: 'Não é prudente colocá-la aí. Você vai perdê-la.' Na primeira parada, percebi que havia pegado o trem errado e saltei. Quando as portas se fecharam, lembrei-me da carteira. Mas era tarde demais – eu a deixara no assento. Corri até o guarda mais próximo, ele fez uma ligação e alguém verificou o vagão na estação seguinte, mas minha carteira não estava mais lá. Senti-me péssimo – realmente muito mal."

Daniel fez uma pausa. "Cancelei meus cartões de crédito e corri para o restaurante. Eu estava atrasado e, é claro, minha mulher teve de pagar a conta. A perda da carteira destruiu meu humor – me senti horrível. E eu mesmo era o responsável – mas por quê?"

Ele continuou: "Quando estávamos saindo do restaurante, recebi uma mensagem de texto: 'Estou com a sua carteira. Ligue-me para que eu possa devolver.' Você pensaria que fiquei aliviado, não é? Minha carteira foi encontrada; está tudo bem. Mas não me senti aliviado de maneira alguma. Na verdade, acho que me senti pior. Eu estava realmente deprimido. Senti que tinha desperdiçado o prazer de ter vencido o concurso.

"E depois, à porta do restaurante, fiz outra maluquice. Assim que acabei de ler a mensagem de texto, me peguei vasculhando os bolsos para ver se conseguia encontrar a carteira. Eu sabia que ela estava com outra pessoa, apesar disso não podia parar de procurá-la."

Enquanto eu ouvia Daniel, o que me impressionou – e talvez impressione você também – é a maneira como uma perda se sucede a outra perda. Ele perde a carteira, mas só depois de se perder (pegando o trem errado). Perde seu bom-senso usual (colocando a carteira no assento, não em seu bolso). Perde a noite (a oportunidade de oferecer um jantar à sua mulher) e, em seguida, depois que sua carteira é encontrada, perde o fato de tê-la recuperado e se vê procurando-a em seus bolsos. Mas a maior perda de meu paciente fora emocional – no curso de tudo isso, ele perdeu o sentimento de felicidade que deveria ter acompanhado seu sucesso. Em poucas horas, deixou de ser um vencedor para se sentir um perdedor.

"O sucesso arruinou muitos homens", disse uma vez Benjamin Franklin. Isso é bastante verdadeiro, mas o que Franklin não mencionou é que muitas vezes nós provocamos nossa própria ruína.

O romancista americano William Styron viveu esse problema. Em suas memórias, *Darkness Visible*, ele descreve como chegou a Paris vindo de Nova York para receber o prestigioso Prix Mondial Cino Del Duca, um prêmio conferido anualmente a um cientista ou artista notável. Styron começou a deteriorar quatro meses antes da cerimônia de premiação. "Se tivesse como prever meu estado de espírito à medida que a data da premiação se aproximava, eu não teria aceitado o prêmio de maneira alguma", escreve ele. Seu dia de triunfo transformou-se num pesadelo – "a tristeza tomando conta de mim, um sentimento de medo e alienação e, acima de tudo, sufocante ansiedade".

Styron compareceu à cerimônia de premiação, mas em seguida anunciou abruptamente à sua benfeitora, Madame Del Duca, que faltaria ao banquete formal que ela planejara oferecer em sua homenagem – uma parte das cerimônias do dia, anunciada meses antes – para ir se encontrar com um amigo. Depois, chocado com a reação dela e horrorizado com o próprio comportamento, ele se ouviu pedindo desculpas à assistente de Madame. "Estou doente", disse-lhe, "tenho um problema psiquiátrico." No fim, Styron ficou para o banquete, só para descobrir, lá pela metade do evento, que havia perdido o cheque de 25 mil dólares que acabara de ganhar e seu equilíbrio emocional. Aturdido por seu sofrimento interior, ele foi incapaz de comer ou falar; o sucesso de Styron o levou à beira do suicídio.

Para psicanalistas, o problema de Styron não é estranho: muitos homens e mulheres trabalham arduamente para alcançar um objetivo, conquistam o sucesso e em seguida se desintegram, de maneira súbita e cataclísmica. Quais são as forças inconscientes que nos fazem sabotar a nós mesmos – por vezes até das maneiras mais ínfimas – quando alcançamos um sucesso?

Três anos atrás, tive um paciente chamado Adam R., um professor que ficou extremamente agitado e depois perigosamente deprimido após ser nomeado diretor de uma renomada escola – um cargo que ele sempre quisera, mas que exigiria sua mudança para outra cidade. Em nosso primeiro encontro, Adam me contou sobre seu passado – ele havia sentido uma angústia semelhante após a compra de seu primeiro apartamento e depois novamente após seu casamento. "Quero ser diretor", disse ele, "mas nunca imaginei como me sentiria frente a uma mudança. Toda a minha vida está aqui." Como muitos de nós, Adam foi pego inteiramente de surpresa pela perda que um ganho pode acarretar.

Através de nosso trabalho conjunto, porém, Adam e eu chegamos a compreender que não era apenas a mudança que o deprimia. Inconscientemente, ele acreditava que a cada uma de suas realizações tirava alguma coisa de seu pai. "Eu me senti mal por me tornar diretor exatamente quando meu pai está se aposentando", disse Adam. Salientei que uma coisa não tinha nada a ver com a outra. "Posso ver isso", respondeu ele, "mas a coisa parece agressiva. Pela primeira vez, vou ganhar mais do que meu pai."

No caso de Daniel, seu primeiro instinto, como o meu, foi suspeitar de que a perda de sua carteira significava um ímpeto semelhante de desfazer seu sucesso. E ele se preocupava também com a maneira como seu sucesso afetaria os outros. "Fiquei de estômago embrulhado. Senti-me uma espécie de fraude. Sou realmente melhor do que os outros nove arquitetos finalistas? Acho que não, e eles também não vão achar", disse-me.

Daniel temia o desdém dos colegas. Sua noite de perdas talvez tivesse sido uma maneira de voltar a se sentir de novo como um *outsider*. Era uma maneira de dizer a seus colegas arquitetos: "Não estou me divertindo e perdi o meu dinheiro – não há nada a invejar aqui." Ser desclassificado não era o que ele queria, contudo era algo conhecido, e mais seguro do que ser um vencedor.

Mas por que ele tinha continuado a procurar a carteira quando sabia que ela já tinha sido encontrada?

O projeto vencedor iria exigir, é claro, que ele passasse uma quantidade considerável de tempo em Chengdu, e Daniel detestava ficar longe de casa. A semana que passara na China para sua entrevista fora horrível, ele disse. O hotel em que se hospedara era "escuro e deprimente". Enquanto estava lá, ele descobriu que só conseguia adormecer se deixasse uma luz acesa. Enquanto ele falava, formei a imagem mental de um garotinho acendendo uma lâmpada não para poder encontrar seus pais durante a noite, mas por temer que eles o esqueçam – o percam – na escuridão.

"*As cavernas de Krock*", disse ele de repente. Referia-se a uma história do Dr. Seuss que o aterrorizara quando era pequeno. Recitou um pedacinho dela para mim: "'E você tem tanta, *tanta, tanta* sorte por não ser uma meia esquecida, deixada para trás por engano nas cavernas de Krock! Graças a Deus por todas as coisas que você não é! Graças a Deus você não é uma coisa que alguém esqueceu.'"

Poderia aquele pequeno gesto – apalpar seus bolsos à procura de uma carteira que ele sabe não estar ali – ter sido uma maneira de se distrair de um outro pensamento, mais atemorizante: o de que ele mesmo está prestes a ser perdido? Procurar a carteira talvez fosse uma maneira de aplacar essa ansiedade particular. Melhor estar na posição de ter perdido alguma coisa do que ser alguma coisa que alguém perdeu.

Uma mudança na família

CERCA DE VINTE ANOS ATRÁS, tive uma paciente chamada Emily. Emily tinha dez anos de idade, e havia sido levada à clínica onde eu trabalhava por seus pais porque começara a provocar "desastres". Ela fazia xixi na cama de noite e um dia tentou jogar uma calcinha suja no vaso sanitário da escola e dar descarga, fazendo-o transbordar.

Filha do meio, Emily tinha um irmão mais velho, Grant, de doze anos, e um mais novo, um bebê. Antes de vê-la, conversei com seus pais para saber mais sobre a família. Eles me disseram que a menina lhes parecia uma espécie de mistério. Grant era um aluno-modelo, mas Emily não. A menina, segundo a mãe, "não era muito brilhante e era realmente desastrada – está sempre fazendo sujeira na mesa". Quando observei que Emily mostrara uma inteligência acima da média nos testes aplicados na clínica e que suas habilidades motoras eram normais, os pais se entreolharam, surpresos. "Esperávamos que você fosse nos dizer que ela era disléxica ou algo do gênero", disse o pai. Ele se inclinou para a frente: "Só queremos que ela seja feliz. Não importa que não se saia tão bem quanto o irmão." Combinamos que eu veria Emily todas as manhãs antes da escola, e nós nos encontraríamos sem ela uma vez por mês.

Alguns dias depois, o pai e o irmão de Emily a levaram à clínica. Pai e filho estavam ambos imaculadamente vestidos – o pai de terno, o irmão com um blazer escolar. Emily, por sua vez, estava toda desarrumada – cabelo despenteado, nariz escorrendo. Ela se sentou balançando as pernas, os olhos baixos, fitando o próprio colo.

Durante nossa primeira sessão, Emily fez um desenho de sua família. Quando terminou, observei que ela não tinha desenhado o irmão bebê, Zac. Pegando de novo a caneta, ela acrescentou Zac ao desenho – mas desenhou-o de tal forma que Zac ficou maior do que ela. Ocorreu-me o pensamento de que ela não se importava com Zac, mas se importava por não ser mais bebê, e eu lhe disse isso. Ela me contou então que desde o nascimento do irmão ninguém mais se dava ao trabalho de se sentar com ela quando estava no banho. "Mamãe sempre punha pasta de dente na minha escova para mim, mas ela diz que agora eu sou uma menina grande e tenho de fazer isso eu mesma."

Durante o resto dessa primeira sessão, falamos sobre todas as mudanças na vida de Emily desde o nascimento de Zac – como a mamãe ficava na cama com Zac de manhã, papai fazia o café da manhã e a levava para a escola; como ela mesma tinha de ler uma história na hora de dormir. Quando a sessão se aproximava do fim, me senti tentado a lhe dizer que talvez ela estivesse fazendo xixi na cama e se sujando porque queria ser lavada e trocada como o irmão bebê, mas não o fiz. Achei que minhas palavras poderiam envergonhá-la e de todo modo ela não tinha trazido isso à baila. Falaríamos sobre isso, decidi, quando ela levantasse o assunto.

Um mês depois, em meu encontro seguinte com seus pais, eles me contaram que Emily havia parado de provocar "desastres", ao que lhes parecia, já depois de nossa primeira sessão.

Eles estavam agradecidos, mas achavam melhor parar a terapia. Eu tinha outra opinião e sustentei que não havíamos compreendido por que Emily era tão caótica ou por que tinha um desempenho tão ruim na escola. Seus pais, no entanto, foram insistentes, e Emily não foi mais me ver. Quatro dias depois eles me ligaram para perguntar se eu a aceitaria de volta. Ela havia começado a provocar "desastres" novamente.

Durante seu ano de terapia, houve três ocasiões, todas logo depois que seus pais cogitaram encerrar o tratamento, em que Emily provocou um "desastre". Não penso que esses desastres eram deliberados, eles me pareciam, antes, uma reação involuntária, a maneira que Emily tinha para tentar impedir o fim de nossa conversa.

Depois da terceira ocasião, Emily veio para a sessão e fez um desenho. Ela começou esboçando uma casa antiga e alta. Como é comum nessas casas, ela tinha uma parede cortada fora, de modo que se podia ver o interior dos cômodos. Depois Emily desenhou um caminhão e uma motocicleta em frente à casa. O caminhão estava cheio de soldados. Quando desenhou uma suástica na lateral do caminhão, ela disse: "Estes são os nazistas." Desenhou duas figuras. "Nós estamos aqui, escondidos no sótão, estamos seguros."

De fato, nós nos encontrávamos na pequena sala de terapia, bem no alto de uma casa vitoriana que abrigava o Anna Freud Centre. Emily explicou que seu pai lhe contara que Anna Freud e o pai dela tinham fugido dos nazistas e vindo morar na Inglaterra. Ela disse que sabia tudo sobre Anna Freud – haviam lido trechos de seu livro na escola. Ela sabia que Anna Freud ganhara um diário dos pais no aniversário de treze anos, e que ela contava tudo para esse diário – seus pensamentos e sentimentos mais íntimos –, sabia que o diário era seu conforto, seu apoio. Enquanto falava, Emily voltou para a primeira página do bloco de desenho, e ali, embaixo do lugar onde assinara seu nome, escreveu: "Quem pensaria algum dia que tanta coisa poderia se passar na alma de uma menina?" E disse: "Anna Freud escreveu estas palavras em seu diário."

Durante o ano seguinte, Emily e eu continuamos a nos encontrar. Enquanto ela fazia desenhos, discutíamos seus pensamentos e sentimentos – sobre a escola, sua casa e o mundo. Eu pensava que o fato de Emily confundir as histórias de Anna Freud e Anne Frank dizia alguma coisa sobre o modo como ela se sentia em relação a nossas sessões, que seus blocos de desenhos, as próprias sessões, eram seu diário – seu conforto, seu apoio.

E no fim daquele ano, os pais de Emily e eu concordamos que a terapia poderia terminar: ela estava se saindo bem na escola e parecia melhor consigo mesma. Mas a mudança mais surpreendente foi algo que não pude ver. Outra pessoa teve de mostrá-la para mim.

Parado na sala de espera, algumas semanas antes do término de sua terapia, observei Emily saindo da clínica com a mãe e o irmão. "Gosto da maneira como Emily arruma seu cabelo agora", comentou a recepcionista. Concordei. "O que será que aconteceu com o resto da família?", perguntou ela. Minha resposta foi que não sabia bem ao certo o que ela queria dizer.

Ela havia notado que, no decorrer do ano anterior, à medida que Emily melhorava, o resto da família ia se tornando cada vez mais descabelado, mais desarrumado. "Isso acontece muito aqui", continuou. "À medida que as crianças ficam bem, suas famílias também mudam."

A observação da recepcionista me fez repensar o caso. Minha impressão era que meu trabalho com Emily a ajudara a obter uma imagem mais clara de si mesma – de suas habilidades e do que ela era capaz – em contraposição às baixas expectativas que seus pais tinham em relação a ela. Ela se tornara mais capaz de resistir ao papel que lhe era inconscientemente atribuído. Agora eu me dava conta de que, sem o saber, ou sem o desejar conscientemente, os pais de Emily tinham feito dela o problema, para que não tivessem de lidar com os problemas deles mesmos. Quando ela mudou, sua família teve de mudar também.

Uma semana antes da última sessão com Emily, tive minha sessão final com os pais. Perto do fim desse encontro, eles falaram sobre si mesmos, que as coisas tinham se tornado muito difíceis entre os dois nos últimos meses – o que eu achava, uma terapia de casal ajudaria?

Por que cambaleamos de crise em crise

QUANDO ELIZABETH M. veio me ver pela primeira vez, tinha 66 anos e perdera o marido recentemente, com câncer de pâncreas.

Ela chegou muito atrasada à sua primeira sessão porque, pouco antes de sair de casa, havia cortado o dedo apanhando um caco de vidro. Ela estava empurrando o êmbolo da cafeteira quando esta escorregou e se estilhaçou. "O sangramento parou, mas você acha que eu deveria ir ao médico?", perguntou-me.

Quando a vi na semana seguinte, ela me disse que acabara de perder a bolsa, com o celular, carteira e chaves. "Será que eu devo mandar trocar *todas* as fechaduras?", queria saber. Uma semana depois, ela derramou vinho tinto no sofá bege de um amigo. Perguntou-me: "Como posso consertar isso?" Semana após semana, mês após mês, Elizabeth começava cada sessão narrando seu último infortúnio e pedindo meu conselho.

Trabalhávamos juntos, considerando cuidadosamente suas opções, mas eu me sentia muitas vezes menos como um psicanalista do que como um bombeiro tentando persuadir gatinhos a descer de árvores. Durante aquelas primeiras sessões, Elizabeth nunca contou um sonho, ou falou sobre seus sentimentos – não havia tempo; havia sempre um novo problema que requeria atenção urgente. Eu pensava comigo mesmo:

"Mas que azar terrível!", ou "Quando ela puser isso e aquilo em ordem, sua análise vai realmente começar." Passados vários meses, finalmente me dei conta de que esses desastres nunca terminariam – que esse cambalear de crise em crise estava no cerne de sua análise. Eu teria de compreender isso, se quisesse compreendê-la.

Após cerca de seis meses, Elizabeth confidenciou-me que a primeira coisa que sentia de manhã era "uma ansiedade depressiva, asfixiante". Ela acordava amedrontada, por vezes tremendo de frio, até se lembrar de um problema, alguma situação urgente que exigia que saísse da cama e encarasse o dia. Há várias maneiras de contornar sentimentos depressivos, ansiosos. Não é incomum, por exemplo, tirar partido de fantasias sexuais, ou usar temores hipocondríacos. Elizabeth empregava seus desastres para se acalmar – eles eram seu tranquilizante.

Também não é incomum o uso de alguma calamidade de grande escala, ou do desastre pessoal de outra pessoa – os jornais estão cheios de ambas as coisas –, para se distrair dos próprios impulsos destrutivos, e logo percebi essa tendência em Elizabeth. Quando me contou que havia se esquecido por completo do almoço de aniversário da irmã – "Estava na minha agenda. Não sei o que aconteceu. Escapou por completo da minha mente" –, sugeri que ela poderia estar zangada com a irmã por causa de um incidente particular recente, por sentir que a irmã a havia desconsiderado.

"Então você está dizendo que me esqueci do aniversário dela de propósito", disse Elizabeth.

"Não penso que foi *consciente* – mas isso explicaria por que você esqueceu. Pagar na mesma moeda."

"Não sei." Elizabeth ficou quieta. Passando os olhos pela sala, ela disse: "Vou ter de trazer algumas lâmpadas econômicas. Você realmente deveria começar a pensar mais sobre o aquecimento global."

Em 1956, o psicanalista D.W. Winnicott, num ensaio sobre culpa inconsciente, observou de passagem que um paciente melancólico pode confessar irracionalmente estar provocando algum grande desastre, com o qual não tem absolutamente nenhuma conexão. "A doença", escreve ele, "é uma tentativa de fazer o impossível. O paciente reivindica de maneira absurda responsabilidade pelo desastre geral, mas ao fazê-lo evita encarar sua destrutividade pessoal." Em outras palavras, às vezes podemos tentar assumir a responsabilidade por um grande desastre para evitar a responsabilidade por nosso próprio comportamento destrutivo.

Comecei a compreender que a pergunta tantas vezes repetida de Elizabeth, "Como posso consertar as coisas?", ocultava uma calamidade que ela sabia não poder consertar.

Em seu último ano de vida, o marido de Elizabeth sabia que estava morrendo. Ele se tornou cada vez mais amedrontado e não suportava ficar sozinho. Quanto mais ele precisava de Elizabeth em casa, mais ela se sentia claustrofóbica. "Eu tinha muita ajuda – não precisava sair para ir às lojas como muitas vezes fazia. E, obviamente, meus amigos teriam compreendido se eu cancelasse um almoço uma vez ou outra. Mas eu não o fazia."

Ela dizia a si mesma que sair a ajudava a manter o equilíbrio, que seria mais capaz de cuidar do marido caso se proporcionasse essas pequenas tréguas. Mas houve outras mudanças em seus sentimentos também: parecia cada vez mais difícil tocar no marido, e pior ainda fazer sexo com ele. Com medo da morte do companheiro, confrontada com a lembrança da sua própria mortalidade e zangada por ser deixada para encarar a morte sozinha, Elizabeth se viu rejeitando o marido nesse período crítico.

Depois de um ano de análise, Elizabeth começou a me falar sobre os penosos últimos meses do marido. Pela primeira vez, lembrou-se de um sonho: "Meu marido está morto, mas ele telefona para mim em casa. Sinto-me tão aliviada por ele estar finalmente me ligando. Vou atender, mas o telefone não está no lugar de costume. Posso ouvi-lo tocando, mas não consigo encontrá-lo. Arranco almofadas do sofá, depois puxo os livros para fora das prateleiras, mas ainda assim não consigo encontrá-lo. Estou num frenesi. Tento arrancar as tábuas do assoalho com as mãos, quebrando minhas unhas. Quando acordo, estou soluçando."

Enquanto me contava o sonho, Elizabeth chorou. Ela havia chorado muitas vezes por causa de algum desastre que lhe acontecera, mas essa foi a primeira vez que eu a ouvi chorar por ter ferido alguém que a amava, e a quem ela amava.

Na esteira imediata de um grande desastre, políticos e jornalistas declaram: "Isso muda tudo." Desastres podem mudar muitas coisas. Mesmo um observador que não foi atingido pode ser impelido a uma nova empatia ou um novo medo. O contexto político em que vivemos pode mudar, e mudou. Mas podemos, por vezes, tirar proveito de um desastre para bloquear uma mudança interna. Como Elizabeth, podemos enfrentar uma catástrofe para nos fazer parar de sentir e pensar – e evitar a responsabilidade por nossos próprios atos íntimos de destruição.

Sobre ser chato

Graham C. era chato. Uma noite, sua namorada, uma economista que trabalhava no centro financeiro de Londres, disse-lhe isso. Eles tinham acabado de sair de uma festa, durante a qual ela o vira, várias vezes, entediar completamente a pessoa com quem estava conversando. "Você não consegue perceber quando alguém olha para você com total falta de interesse?", ela perguntou. Em seguida rompeu com ele.

Algumas semanas depois, o sócio principal da firma de advocacia de Graham o chamou à sua sala. Disse que seu trabalho era ótimo, e que apreciava as longas horas que ele lhe dedicava. Mas o advertiu de que os clientes não estavam gostando dele. Se Graham quisesse se tornar um sócio, seria preciso que os clientes sentissem lealdade a ele; deveriam ter vontade de lhe telefonar para falar de seus problemas. Graham viu o futuro que havia imaginado escapulindo. Atemorizado e deprimido, veio me ver.

Durante os primeiros meses de sua análise, Graham me entediou também. À medida que nosso trabalho avançava, suas sessões me pareciam cada vez mais enfadonhas. Antes de cada sessão, eu tomava um café e jogava água fria no rosto, mas isso não ajudava realmente: enfado não é sonolência. Para mim, é uma reação física mais parecida com náusea. Eu me sentia bem na sessão anterior e na posterior à de Graham, e no entanto cada vez mais entorpecido durante a dele. Eu não sabia ao certo por quê. Graham ouvia minhas ideias e respondia com as suas próprias; ele suscitava questões e buscava clarificação; reconhecia meu trabalho – até relatava melhora. No entanto, tudo isso parecia oco. Falávamos sobre ele, mas eu raramente tinha a impressão de que ele falava comigo.

Havia mais um enigma: a vida de Graham deveria me interessar. Seus pais e avós trabalhavam na indústria cinematográfica, e o próprio trabalho de Graham como advogado envolvia vários casos intricados e intrigantes. Sua vida era interessante, mas, por alguma razão, ele não conseguia se tornar interessante para os outros.

O tédio pode ser uma ferramenta útil para um psicanalista. Ele pode ser um sinal de que o paciente está tentando evitar um assunto particular; de que ele é incapaz de falar diretamente sobre algo íntimo ou embaraçoso. Ou pode significar que paciente e psicanalista estão empacados; o paciente está voltando muitas vezes a algum desejo ou queixa com que o psicanalista não está conseguindo lidar. Uma pessoa entediante poderia estar sentindo inveja, e assim matar uma conversa – perturbando-a ou paralisando-a – porque não pode suportar ouvir uma ideia útil ou convincente vinda de outrem. Ou o paciente enfadonho pode estar se fingindo de morto – assim como fazem certos animais na selva para sobreviver, algumas pessoas, quando amedrontadas, simplesmente se fecham. Também é verdade que psicanalista e paciente conspiram, por vezes inconscientemente, para imobilizar a atmosfera entre eles porque temem que as coisas fiquem demasiado perturbadas emocionalmente, ou demasiado excitantes. (Há alguns anos, descobri que minhas sessões com uma jovem e atraente paciente estavam ficando cada vez mais sem vida. Se eu tivesse de adivinhar, diria que estávamos inconscientemente evitando qualquer tipo de carga entre nós.)

Mas eu não era capaz de compreender o que estava acontecendo nas sessões de Graham. Era verdade que ele tendia a evitar envolvimento e conflito. Eu tinha a sensação de que ele não estava plenamente empenhado em exercer a advocacia, por exemplo – achava que poderia estar simplesmente tentando agradar aos pais. Ele era próximo dos pais, e ainda passava a maior parte de suas férias com eles. Mas quando tentei considerar a falta de desavenças em sua família, ele riu. "Então é isso?", perguntou. "Estou deprimido porque não consigo me zangar com meus pais?"

Um dia, Graham me contou que saíra para tomar um drinque com Richard, um colega de trabalho. Eles tinham combinado de passar umas duas horas juntos, mas após 45 minutos Richard lembrou-se de repente que tinha um compromisso, e foi embora. Suspeitei que Graham estava me contando essa história porque sabia que Richard havia ficado entediado. Por isso perguntei: "Você sente alguma vez que está entediando os outros?"

"Noto quando as pessoas param de ouvir ou olham para outro lado, se é isso que você está perguntando."

"Richard olhava para outro lado?"

"Ele olhava para outro lado, mas não estava entediado."

"Como sabe que ele não estava entediado?"

"Porque eu não estava sendo entediante."

"Então você foi em frente", eu disse.

"Eu continuei", ele respondeu.

Comecei a suspeitar de que havia algo agressivo na determinação de Graham de infligir tédio. Afinal, ele admitia perceber quando seu interlocutor parava de ouvir. Sendo assim, por que continuava?

Graham havia me contado sobre os domingos na casa dos pais. Desde que podia se lembrar, seus pais recebiam seus avós e vários amigos para o almoço. Ele confessou que achava esses almoços uma tortura. "Uma sala cheia de adultos, todos conversando, rindo juntos – não me lembro de eles jamais terem convidado uma família com filhos da minha idade." Imaginei a solidão que Graham devia sentir. Talvez ele estivesse recriando em seus interlocutores um sentimento que havia carregado consigo desde aqueles almoços – talvez sua chatice fosse uma forma de desespero.

Alguns meses depois de começar sua análise, Graham lembrou-se de um sonho. Ele estava parado na porta da casa em que cresceu. Queria entrar, mas não podia. Via de regra, eu quereria me concentrar no conteúdo do sonho, passar algum tempo desvendando-o com ele, tentando compreender suas associações. Mas Graham levou um tempo muito longo narrando-o para mim. Descreveu a casa e sua história, depois entrou em detalhes sobre seus sentimentos em relação ao mobiliário e à decoração. Poucos dias depois, ele descreveu demoradamente um incidente secundário de sua infância. E ocorreu-me que Graham estava me silenciando. Ele compreendia que sonhos e lembranças me pareceriam importantes, que eu não o interromperia, por isso se alongava, permanecendo nessas histórias o maior tempo possível.

A maneira de ser entediante de Graham era agressiva – era uma forma de controlar e excluir os outros: uma maneira de ser visto, mas não ver. Servia também a um outro objetivo. Especialmente no contexto de sua análise, ela o protegia de ter de viver no presente, de tomar conhecimento do que estava acontecendo na sala.

Quando eu falava sobre o que estava acontecendo em sua vida, a reação dele era olhar para trás, evitando a maneira como se sentia ou o que pensava naquele momento. "Nunca estive lá", diz Hamm em *Fim de jogo*, de Beckett. "Sempre ausente. Tudo isso aconteceu sem mim." Os grandes desvios de Graham pelo passado eram um refúgio do presente. Reiteradamente, sem saber, ele estava se recusando a deixar o presente importar.

Sobre o luto pelo futuro

"Olá. Esta mensagem é para Stephen Grosz. Meu nome é Jennifer T. Quem me deu seu contato foi o dr. W., de São Francisco. Eu sou de lá. Gostaria de saber se tem tempo e se está aceitando novos pacientes. Ou se poderia me ajudar a encontrar alguém."

Jennifer chegou dez minutos atrasada para a entrevista. Lamentava, acontecera algo urgente na escola e ela tivera de falar com outra professora antes de sair. Após se acomodar na cadeira em frente a mim, ela disse que queria fazer análise porque seu pai havia morrido recentemente, há apenas quatro meses. Ele havia parado no acostamento de uma rodovia para ajudar um jovem casal cujo carro quebrara na pista do meio. De pé ao lado da estrada, fazendo gestos para o casal esperar onde estava, ele foi atingido por uma caminhonete que dera uma guinada para evitar o carro enguiçado. Morreu na ambulância a caminho do hospital. Tinha 62 anos.

Ela disse que era muito ligada ao pai. Seus pais haviam se divorciado quando era ainda uma adolescente e a mãe se casara de novo. Era filha única. Embora o pai morasse na Califórnia, eles trocavam e-mails e se falavam com frequência. "O que não compreendo", disse ela, "é que me sinto estranhamente calma. Simplesmente não estou tão perturbada quanto pensei que ficaria."

Ela me contou que não havia chorado desde o funeral. Numa noite, enquanto assistia a um filme com seu namorado, Dan, ela começou a chorar. "Ele me abraçou. Pensou que eu estava chorando por causa do meu pai – mas não, eu estava chorando por causa do filme. Na verdade, lembro que pensei que tinha de falar com meu pai sobre o filme. Ele iria realmente gostar dele.

"Eu tinha a impressão de que estávamos apenas entre um telefonema e outro. Ele não está em sua mesa e não pode me enviar um e-mail neste instante. Ainda não chegou em casa depois do trabalho, deve estar na praia – seu telefone está fora de área. Não sinto que ele morreu. Ainda imagino que vai estar lá quando Dan e eu nos casarmos, quando tivermos filhos."

Por um segundo, pensei que tinha perdido alguma coisa. Quando estava prestes a lhe perguntar se iria se casar em breve, Jennifer me disse que a outra coisa sobre a qual queria falar era Dan.

Ele tinha 38 anos, era quatro anos mais velho que ela – um economista. Trabalhava no setor financeiro. Ela nunca dizia setor bancário; todo mundo detesta banqueiros. Originalmente, o plano deles era trabalhar em Londres por um ou dois anos e viajar – e depois, quando estivessem prontos, ter filhos. Mas já fazia quase quatro anos que estavam em Londres, e ela queria ter filhos – bem, há muito tempo.

Dan não era contrário a ter filhos, disse ela, apenas não sentia que aquele fosse o melhor momento. Havia outra coisa. "Semana passada saímos para almoçar fora e havia uma família perto de nós, com duas crianças pequenas. Dan pediu ao garçom uma outra mesa. Ele detesta confusão. Receio que poderia não ser um bom pai."

Perguntei se eles planejavam se casar – haviam marcado uma data?

Ela explicou que Dan não gostava de pressão. Ele não conseguia ver sentido no casamento. "Costumava dizer: 'Eu escolho você todos os dias, por que temos de nos casar?'"

Várias vezes durante o relacionamento dos dois ela pressionara por algum compromisso, alguma ideia de para onde estavam indo. Um ano antes, ele lhe dissera que consideraria o casamento, mas que ela teria de assinar um contrato pré-nupcial. Ela ficou chocada, e essa ideia foi como um banho de água fria. Contou-me que havia parado de pedir o que queria e estava tentando aceitar o que tinha.

"Você não acha que ele será um bom pai, não é?", ela perguntou.

"O que você acha?", perguntei.

"Ele pode mudar, não pode?"

"O que a faz pensar que ele quer mudar?", perguntei.

Ela ficou em silêncio por um momento. Depois disse que havia sugerido a Dan que fossem ver um conselheiro de casais, mas ele não queria se comprometer com nada desse tipo até que as coisas tivessem se estabilizado no trabalho. Ele estava viajando muito a trabalho ultimamente.

Perguntei-lhe se sentia falta dele quando estava fora.

Ela costumava sentir, mas recentemente havia começado a imaginar sua vida se eles terminassem.

"O que você imaginou?"

"Preocupo-me com ele. Me vi voltando para os Estados Unidos e telefonando para ele para me certificar de que está bem. Ele é um bom sujeito, mas ainda um menino em muitos aspectos. Precisa que cuidem dele."

Fiquei em silêncio.

"Você acha que o trato como se fosse meu bebê", disse ela. "Será por isso que aceito as coisas como estão, não fazendo pressão para ter meu próprio filho?"

Eu ainda não sabia. Acrescentei que estava impressionado com a ausência de raiva nela. Que Dan mudara de ideia e a decepcionara com relação a ter filhos.

Ela me disse que simplesmente não sentia raiva. "Sei que deveria – minhas amigas me dizem que sentiriam –, mas eu não posso. Isso não me incomoda, não da maneira como deveria."

Nenhum de nós falou por cerca de um minuto, e depois lhe pedi que me contasse mais sobre si mesma. Onde havia crescido? Como era sua mãe?

Durante a meia hora que se seguiu, aproximadamente, Jennifer me contou sobre sua família e sua infância. Sua mãe e seu pai haviam trabalhado em muitas coisas, em São Francisco e nas cercanias. Sua mãe trabalhou numa grande loja de departamentos e depois abriu sua própria loja de roupas. Às vezes havia dinheiro, em outros momentos ele simplesmente parecia desaparecer por completo. Quando ela tinha dez anos, eles moravam numa grande casa vitoriana e depois, de repente, mudaram-se para um apartamento de dois quartos que cheirava a carpete de acrílico.

Contou-me que sua família não tinha uma vida social regular – sua mãe e seu pai pareciam não ter amigos, e ninguém ia jantar com eles. Duas vezes por ano, no Dia de Ação de Graças e no Natal, a tábua extra era colocada na mesa de jantar, a toalha de mesa branca de linho era engomada e passada e eles recebiam a família de sua mãe. Vários dias antes, ela e a mãe começavam os preparativos, havia sempre muita comida, e a conversa – a pouca conversa que havia – girava em torno dos pratos.

A família de Dan era de Boston. Eles não eram ricos, mas viviam de maneira diferente. O pai era médico, a mãe trabalhava no gabinete do prefeito. Eles tinham uma cozinha grande e havia sempre pessoas em volta da mesa, conversando. Eram festeiros. Jennifer gostava muito de se hospedar lá. Sentia-se em casa, cuidada. Quando ela e Dan estivessem casados, a casa deles seria assim também. Ela imaginava que morariam perto dos sogros – "eles serão avós maravilhosos".

Enquanto ela falava, pensei sobre a semelhança entre sua situação com o pai e sua situação com Dan – seu pai tinha morrido, sua relação com Dan parecia morta. Com relação a ambos ela estava, como disse, estranhamente calma, não se sentia incomodada. Por que ela não estava chorando a morte do pai, ou a morte de sua relação com Dan?

Tentei explicar a Jennifer o que eu estava pensando. "Me parece que você está tão presa ao futuro – a presença do seu pai no seu casamento, ter uma casa perto da dos pais de Dan – que não se sente perturbada pelo modo como sua vida está agora, no presente."

Olhando para mim, sorrindo, ela fez um gesto de assentimento. Pensei, ela está concordando comigo da maneira como concorda com Dan – ela não entende, não está ansiosa por si mesma. "Você não parece preocupada", digo. "Você poderia ficar empacada nisso por um tempo longo, muito longo."

"Então você está dizendo que Dan não vai mudar", ela disse.

Olhei para a jovem em frente a mim. Imaginei minha própria filha, daqui a muitos anos, com a idade de Jennifer, enredada numa relação sem vida – o que eu gostaria que um colega lhe dissesse? O que ele poderia dizer que seria capaz de ajudar?

Eu gostaria que lhe dissessem que por vezes temos de chorar o futuro, que muitos jovens casais têm mais futuro que presente. Romper significa abrir mão não só de seu presente, mas do futuro com que haviam sonhado. Sair de um relacionamento, começar uma vida nova, encontrar a pessoa certa, casar-se e ter filhos pode demandar um longo tempo – muito mais longo do que ela poderia imaginar. Talvez tivesse que passar por algum sofrimento para ter o que quer. Mas encarar a realidade, por mais horrível que seja, é quase sempre a melhor alternativa. Eu gostaria que meu colega dissesse a minha filha que, se ela assim o desejasse, ele tentaria ajudar – ele encararia tudo isso com ela.

Expus tudo isso a Jennifer. Ela assentiu de novo e disse que se sentia perturbada pelo que eu havia acabado de dizer, mas feliz por eu ter dito. Ainda estava chorosa quando saiu.

Os psicanalistas gostam de mostrar que o passado está vivo no presente. Mas o futuro está vivo no presente também. O futuro não é um lugar para onde estamos indo, mas uma ideia em nossa mente agora. É algo que estamos criando, e que por sua vez nos cria. O futuro é uma fantasia que molda nosso presente.

Como a raiva pode nos proteger da tristeza

VÁRIOS ANOS DEPOIS de minha formação como psicanalista, tive um paciente chamado Thomas. Ele tinha nove anos e acabara de ser expulso da escola.

Alguns meses antes do nosso primeiro encontro, a enfermeira da escola de Thomas havia encontrado marcas de cinto em seus braços e pernas, além de contusões e unhadas – ferimentos paralelos que indicavam que o menino tinha sido agarrado e sacudido. Thomas disse à enfermeira que sua mãe tinha lhe batido – e que ele queria se matar. O serviço social foi chamado. A mãe justificou-se dizendo que estava fora de si, que Thomas nunca lhe dava ouvidos; ele era simplesmente impossível. Ela não sabia mais o que fazer. "Tudo estaria muito bem", disse, "se pelo menos Thomas tentasse ser bom."

No relatório da professora de Thomas, solicitado pelas autoridades, ela o descreveu como "distraído" e "em seu próprio mundo". "Ele vaga pela sala durante as aulas", escreveu ela, "resiste a olhar nos olhos das pessoas e frequentemente descreve fantasias violentas para os professores."

À assistente social que visitou sua família Thomas relatou querer matar a mãe – "Abri-la com uma faca grande, arrancar os seus intestinos, depois colocá-la num cavalete de tortura até que todas as suas articulações estalem". Ao psiquiatra infantil que o avaliou, Thomas disse que queria assassinar uma menininha de sua classe – "Eu gostaria de cortar a cabeça dela fora". No dia seguinte, ele levou uma faca de cozinha para a escola – "para mostrar a ela". Foi imediatamente expulso e matriculado nas aulas da clínica psiquiátrica infantil onde eu trabalhava.

Thomas foi visto por muitos médicos – vários psiquiatras infantis, um psicoterapeuta, um psicólogo educacional e um pediatra. Todos concordaram que ele tinha autismo de alto grau, ou síndrome de Asperger. Um psiquiatra acreditava que Thomas poderia também estar sofrendo de síndrome de Tourette ou de um transtorno pré-esquizofrênico; outro o descreveu como tendo "traços psicóticos e maníacos". O psiquiatra encarregado de atender Thomas prescreveu um tratamento medicamentoso e recomendou análise cinco vezes por semana.

Thomas e eu nos encontrávamos num pequeno consultório perto das salas de aula da clínica. Havia uma pia e um armário com oito compartimentos, um para cada criança atendida ali. Na parte de Thomas havia o material de costume: papel e caneta de tinta lavável, barbante, fita-crepe, massa de modelar, uma família de pequenos bonecos de pano e vários pequenos animais de plástico. A ideia é que a brincadeira de uma criança funcione como a associação livre de um adulto, que esses materiais possam ajudá-la a expressar as emoções que talvez não seja capaz de pôr em palavras.

Durante sua primeira sessão, Thomas me disse que queria matar um de seus professores e depois que queria me matar. Suspeitei que ele não dizia isso a sério, estava apenas tentando ser inquietante. Quando tentei conversar com ele sobre o que estava sentindo, foi até seu compartimento e retirou o material. Ele rasgou o papel, quebrou as canetas, pisoteou os bonecos de pano e, em seguida, jogou tudo na pia e abriu a torneira. Eu disse a Thomas que achava que ele queria me mostrar como estava com raiva e como seus sentimentos eram misturados e confusos. Ele pediu para ir ao banheiro. Esperei bem junto da porta. Ouvi o barulho da descarga, água correndo na pia e depois som de vidro se quebrando. Thomas havia quebrado uma janelinha acima da pia com a mão direita. Seu pulso estava cortado e jorrando sangue. Ele estava em estado de choque, mas mesmo assim exclamou: "Atiraram em mim, atiraram em mim. Atiraram em mim no Oriente Médio!"

Tive dificuldade em entender o que acontecera exatamente. Thomas estava abalado, mas sua reação parecia uma performance.

Nos encontramos no dia seguinte, e embora estivesse mais calmo, Thomas ainda parecia decidido a me perturbar. Ele passou a maior parte da sessão me chamando de "peituda" e "lésbica gorda" – expressões, ele me contou, que perturbavam suas professoras. Na semana seguinte, desenhou suásticas nas paredes e nos móveis, andou pela sala em passo de ganso e me chamou de judeu sujo. "*Sieg Heil, Sieg Heil*", gritou.

Alguns dias depois ele iniciou uma série de desenhos. Rabiscados às pressas em um ou dois minutos, as imagens mostravam-no de pé em cima de mim, um cutelo na mão, cortando-me em pedaços. Em seguida ele desenhava outra cena: ele sentado a uma mesa, um guardanapo em volta do pescoço, comendo as partes do meu corpo.

Embora essas sessões fossem perturbadoras, eu não me sentia atingido por seus vários ataques – eles eram extremos, sim, mas de certo modo nunca pareciam pessoais. E, pouco a pouco, Thomas estava me contando sobre sua vida. Depois de dois meses de tratamento, seus professores relataram que seu comportamento em classe tinha melhorado – ele era capaz de usar a sala de terapia como um lugar onde descarregar sua raiva e confusão.

Mais para a frente Thomas começou a cuspir no meu rosto. "Eu não faço gestos grosseiros, faço?", provocava ele, antes de me apontar o dedo médio. "Eu não estou batendo a porta, estou?" "Eu não estou pulando no sofá, estou?" "Eu não estou cuspindo em você, estou?"

Um dia, estávamos sentados à mesa baixa na sala de terapia, e Thomas me disse que sentia falta de seus amigos. Ele tinha visto Oliver – seu melhor amigo na escola – no supermercado, mas o menino não tinha mais permissão para falar com ele. Pareceu triste e eu lhe disse isso. Imediatamente Thomas cuspiu no meu rosto, duas vezes, depois correu para o sofá e começou a pular em cima dele. Eu lhe disse que minhas palavras – que ele parecia triste – o haviam perturbado, e que ele tinha cuspido em mim para tirar o machucado de dentro de si mesmo.

O tempo todo, em nossas sessões, eu tentava interpretar seus comportamentos com palavras que ele pudesse entender e usar – disse que suas cuspidas eram uma maneira de se livrar de mim antes que eu me livrasse dele; uma maneira de controlar a distância entre nós. Descrevi suas cuspidas como uma confissão de culpa, uma forma de arrancar uma punição de mim. Outra vez disse a Thomas que achava que ele queria que eu ficasse com raiva dele porque assim saberia, com certeza, que era a única pessoa na minha mente. Essas interpretações, e outras, pareciam ter pouco ou nenhum efeito. Durante o ano e meio que se seguiu – em todas as sessões – Thomas cuspiu no meu rosto.

Embora estivesse recebendo supervisão semanal e frequentando um seminário clínico regular de psiquiatras e psicólogos infantis – todos atenciosos e prestativos com relação às minhas sessões com Thomas –, eu havia chegado a um ponto crítico. Comecei a temer a raiva que sentia após cada um de seus ataques. Não apenas não me parecia que eu estivesse chegando a algum lugar: eu começava a perder a fé no que fazia.

Telefonei para uma colega, a dra. S., que havia analisado crianças e adultos por mais de cinquenta anos. Numa tarde chuvosa deixei meu consultório em Hampstead e cruzei a cidade até a casa dela. Acomodando-me numa cadeira, comecei a desembrulhar minhas fichas.

"Deixe suas anotações de lado", disse ela. "Apenas fale-me sobre ele."

Durante a meia hora seguinte, contei-lhe a história de Thomas. Tentei descrever a atmosfera entre nós, o que eu sentia que estava se passando. A dra. S. ouviu e fez várias perguntas sobre o nascimento de Thomas, sua primeira infância, seus pais e as irmãs mais novas, seu diagnóstico psiquiátrico e os relatórios escolares. Depois perguntou: "Como se sente quando ele cospe em você?"

"Com raiva", respondi. "Desalentado também – mas principalmente com raiva, e culpado por minha raiva."

"Muitas crianças na clínica cospem. Isso sempre o afeta dessa maneira?"

"Não", respondi. Descrevi um menino de seis anos com diagnóstico de autismo. Algumas semanas antes, ele estava batendo uma bola para lá e para cá no playground; ficou empolgado demais e correu para vir falar comigo. Mas, em vez disso, cuspiu em mim. "Ele não me fez sentir raiva. Ao contrário, quis tranquilizá-lo, dizer que não tinha feito nada de errado – quis abraçá-lo."

A dra. S. ficou em silêncio por um momento. "Estou me perguntando se você tem a expectativa de que Thomas possa controlar suas cuspidas. Talvez ele possa, talvez não. Mas, como pensa que ele pode controlar suas cuspidas, fica com raiva quando não o faz. Você poderia considerar a ideia de que ele precisa que você e outros – a mãe, seus professores – tenham essa expectativa. Ele precisa que vocês tenham raiva dele."

A dra. S. estava certa. Chamando-me de lésbica gorda, de judeu sujo, apontando o dedo médio para mim, batendo a porta – Thomas realmente se esforçava para encontrar alguma coisa que me deixasse com raiva! Ele levara três meses, mas afinal tinha encontrado – e em seguida a fizera muitas, muitas e muitas vezes.

"Mas por que estamos empacados nisso?", perguntei.

"Pense sobre o impasse", ela respondeu. "Você sabe que quando há um beco sem saída, em geral é porque o impasse serve a alguma função tanto para o paciente quanto para o analista. Pense nesse beco sem saída como um obstáculo que vocês dois criaram. A que propósito ele serve?"

Levamos nossas xícaras de café para a cozinha. Agradeci a ela e saí. A caminho de casa, no carro, senti-me obcecado por sua pergunta.

No dia seguinte, busquei Thomas na sala de aula e ele subiu a escada correndo na minha frente em direção ao consultório, gritando: "Quebrado, quebrado, quebrado!" Na porta, ele se virou e olhou para mim. "Bem, tem alguma coisa a dizer sobre isso?", perguntou. Antes que eu pudesse responder, ele cuspiu no meu rosto.

Entramos. "Quando você cospe em mim", eu disse, "você quer que eu fique com raiva de você, porque se eu tiver raiva de você, isso significa que acredito que você poderia ser diferente do que é. Se sinto raiva, isso significa que ainda acredito que podemos consertar o que está quebrado."

Thomas ficou em silêncio por um momento, depois eu perguntei: "Você pode me dizer o que está quebrado?"

"Meu cérebro está quebrado, estúpido."

Ele andou até a cadeirinha onde eu estava sentado. "Meu cérebro não funciona, não como o das outras pessoas."

Sentado ao meu lado na mesa baixa, ele descreveu o que tinha visto pela janela do ônibus a caminho da unidade naquela manhã. Em toda parte havia crianças de uniforme, com pastas de livros, equipamento de ginástica e bolas de futebol. Ele reconheceu muitos meninos e meninas de sua antiga escola. Eles estavam crescendo, fazendo coisas novas. "Eu não tenho uma pasta de livros. Sou uma droga no futebol. Faço coisas de bebê na escola. Eu contei que minhas irmãs brincam de tabuada uma com a outra? Elas são mais novas do que eu, mas conseguem fazer essas coisas que eu não consigo porque o cérebro delas funciona. O meu está estragado."

Ele me olhou nos olhos. "É realmente triste. Não é realmente, realmente triste?"

"Sim, é realmente, realmente triste."

Houve uma grande calma na sala.

Dois dias depois, ele cuspiu em mim mais uma vez, e depois nunca mais.

OLHANDO PARA TRÁS, está claro agora que Thomas e eu estávamos num impasse porque nenhum de nós podia tolerar a ideia de que ele estava irreparavelmente danificado. E foi só quando nós dois fomos capazes de ficar tristes, de ficar desalentados porque não podíamos consertar o que estava quebrado, que suas cuspidas pararam de ter uma finalidade para nós e fomos capazes de seguir em frente.

Agora Thomas é um homem-feito. Ele mora na região rural com uma de suas irmãs e tem um emprego no setor de correspondência de uma pequena empresa.

Várias vezes por ano, em geral quando seu psiquiatra está fora, ele me telefona. Começa perguntando se eu me lembro de quando sua análise teve início. Digo que sim. E em seguida ele me diz a hora exata, o dia da semana e a data de nossa primeira sessão. Depois pergunta se eu me lembro de quando sua análise terminou, e digo sim. Então ele me diz a hora exata, o dia da semana e a data de nossa última sessão. Ele me diz que foi muito tempo atrás, "mas foi um tempo importante". Às vezes me conta sobre algum acontecimento recente, mas com maior frequência quer falar sobre quando era menino. Depois, pouco antes de desligar, sempre pergunta: "Você pensa em mim, você se lembra sobre o que a gente conversava?" E eu sempre respondo: "Sim, eu me lembro."

Sobre ser um paciente

Tom me ligou para dizer que tinha uma reunião às onze horas com um produtor de rádio no meu bairro; poderíamos almoçar depois. "Por que não vamos àquele restaurante italiano aí perto da sua casa?"

Cinco anos antes, quando sentiu que estava afundando numa depressão, Tom me pediu que lhe recomendasse um psicanalista. Encaminhei-o para a dra. A., com quem eu fizera minha formação e cujo trabalho eu admirava. Tom e eu éramos amigos havia quase vinte anos e nos víamos com frequência – pelo menos uma vez por semana. Nos últimos cinco anos, porém, ele nunca havia mencionado nada sobre sua análise, e, por respeito à privacidade dele, eu tampouco o fizera.

Nos encontramos para almoçar e conversamos sobre seu próximo programa de rádio. Quando o garçom tirou nossos pratos e trouxe o café, a multidão da hora do almoço já tinha ido embora; o lugar ficou vazio.

Tom virou-se para mim. "Você não mentiu para mim", disse ele, "mas não me contou o que eu deveria esperar."

"Não sei ao certo o que você quer dizer", respondi.

"Análise. Durante a maior parte do tempo, eu simplesmente não conseguia entender o que estava acontecendo em minha análise. A dra. A. estava tão concentrada em..." Ele foi abaixando a voz aos poucos.

"No que você estava pensando?", perguntei.

"Nem mesmo no que eu estava pensando – essa parecia ser a questão. Ela dedicava tanto tempo a todas aquelas minúcias, a coisas que pareciam não ter nada a ver com o que eu estava pensando."

"Não entendo", disse eu.

"Tenho certeza de que entende, mas vou dar um exemplo." Tom estudou sua xícara por um momento. "Chego ao seu consultório. Toco a campainha. Ela tem um sistema de interfone. Que devo fazer se ela não abrir a porta imediatamente? Devo tocar a campainha de novo? Se eu tocar de novo, ela vai pensar que sou irritante? Depois ela libera a porta. O consultório dela é no quarto andar. Tenho que ir de elevador. Gostaria de subir pela escada, mas se fizer isso, vou ficar suado. Então pego o elevador.

"Mas o elevador representa certo problema. Eu não gostaria que ninguém visse que estou indo a uma psicanalista – isso me deixa ansioso. Assim, chego ao quarto andar e ando até a sua porta. Na porta ela tem uma dessas fechaduras em que é preciso apertar uma combinação de botões para que os pacientes consigam entrar na sala de espera. Às vezes eu me atrapalho e erro a combinação. Estará ela ouvindo? Estará pensando 'Que desajeitado'?

"Chego à sala de espera cinco minutos antes da hora. Eu deveria começar a ler alguma coisa? Uma vez ela me disse que era interessante que eu começasse a ler alguma coisa apesar do fato de faltarem apenas alguns minutos para o início de minha sessão. Talvez eu não devesse ler. Que faço se alguém entrar na sala de espera? Sorrio? E se vejo o colega dela, digo-lhe olá? Existe alguma regra para isso?

"Ela está um minuto atrasada. Agora são dois minutos. Terá se esquecido de mim? Ela chega à sala de espera. Olho para ela ou não olho para ela? Quando a sigo para dentro do consultório, corro os olhos pela sala ou não corro os olhos pela sala? O que estou querendo ver? Tento evitar ver alguma coisa?

"Agora estou no sofá. Devo realmente me deitar e pôr meus sapatos molhados, sujos, em seu bonito e limpo sofá, ou devo tirá-los? Os pacientes normalmente tiram os sapatos ou não? Eu não sei. Se eu tiro os sapatos e a maioria das pessoas não tira, vou parecer estranho. Mas se não tiro e a maioria das pessoas tira, então sou sujo. Decido que prefiro ser estranho a ser sujo. Por isso tiro os sapatos.

"No momento em que finalmente me deito no sofá, já passei por tudo isso. Toda essa discussão – minha impressão de estar sendo censurado e meu sentimento de autocensura, toda essa saga de dúvida e perturbação –, tudo isso se desenrolou antes que qualquer um de nós dissesse uma palavra."

Tom pousou seu café.

"Levei um tempo muito, muito longo – talvez uns dois anos – para de fato expor todo esse vaivém com clareza porque, francamente, quem quer deixar outra pessoa saber quanto suas preocupações são absolutamente pequenas? Mas a dra. A. não parava de retornar a esse tipo de coisa, não parava de me encorajar a falar sobre isso. Passamos semanas naquela história do sapato, pelo amor de Deus. Eu não estava esperando isso."

"O que você *estava* esperando?"

"Pensei que ia me deitar no sofá e voltar para o passado, e depois iríamos descobrir algum trauma escondido que ela iria elegantemente desvendar para mim... Ou iríamos discutir meu complexo de Édipo, ou um sonho sobre o pau do meu pai. É claro que acabamos *de fato* falando sobre minha família e meu passado – ela fez essas conexões –, mas o que me surpreendeu foi a quantidade de tempo que ela passou desenvolvendo esse quadro do que se passava na minha mente. Hora a hora, dia a dia, semana a semana, ela voltava sua atenção para o modo como penso. Não foi isso que imaginei.

"Pouco a pouco, comecei a sentir que, em qualquer ponto daquela viagem de sua porta da frente até o sofá, poderia ser repreendido. Se eu não pensasse que havia alguém prestes a me criticar, todas essas coisas não seriam um problema, certo? Eu simplesmente toco outra vez a campainha, e daí? Eu me atrapalho com a porta, e daí? Eu ponho meus sapatos no sofá dela, grande coisa.

"Acontece que muitas das coisas que eu fazia – como tirar os sapatos –, fazia por não querer lhe dar nenhum motivo para chamar a minha atenção. Eu tinha em mente a ideia de que ela era alguém que iria se aborrecer realmente se eu sujasse o seu sofá. Quem era essa pessoa que iria ficar tão brava comigo? Eram meus pais? Era eu? Com certeza não era ela. Ela não daria a mínima se eu não tirasse os sapatos.

"Depois ficou claro – penosamente claro – que não sou assim apenas quando vou ver minha psicanalista. Minhas regras cotidianas de relacionamento são tão frustrantes e estranhas. Se uma pessoa não responde a um e-mail que mandei imediatamente, sinto-me criticado. Se a resposta é um pouco fria, fico intrigado. A maioria das despedidas – 'cordialmente', 'atenciosamente' – soa como uma rejeição.

"Levo quase tudo para o lado pessoal. Entro no metrô: consigo um assento – vitória; não consigo um assento – derrota. Consigo uma vaga para estacionar – vitória. Não consigo a vaga – derrota. O mecânico vem imediatamente – vitória. Deixei um pingo de cocô na privada – derrota. Esses momentos pequenos, minúsculos, são uma maneira como meço meu progresso na luta que é a vida diária. Cada momento, meu pensamento é completamente, incessantemente banal."

"Mas ele não é banal", eu digo.

"Não, você está certo. Não é, porque existe, é claro, um padrão nesses pensamentos insignificantes. Eu estava agindo com base na suposição de que as pessoas são reprovadoras. E como isso estava incorporado na maneira como eu fazia quase todas as coisas, eu me sentia engaiolado. Todos esses momentos não eram apenas a maneira como eu pensava sobre minha vida – eles eram a minha vida."

Tom olhou para sua xícara. "Quer mais um café?"

Assenti.

Chamei o garçom e pedi mais dois. Em seguida, Tom continuou. "Aos poucos, foi ficando claro que não era apenas uma questão de repreensão, mas algo maior. Eu pensava que minha vida estava estruturada em torno de um desejo de viver bem. Mas descobri que o que eu queria mesmo era ser limpo. Está tudo ali naquele negócio sobre pôr os sapatos no sofá. Obviamente, para qualquer outra pessoa isso parecerá maluquice, mas eu estava começando a ver alguma coisa que fazia sentido para mim.

"Acontece que não havia nenhum grande trauma por trás de meus sentimentos de depressão e isolamento. O que havia era minha incessante perscrutação, minha calibragem de mim mesmo para me ajustar aos outros. Na análise, meu primeiro impulso foi a questão: o que a dra. A. quer? Aquela besteira do sapato era minha tentativa de corresponder ao que ela queria.

Tudo que pensamos sobre os desejos dos outros é suposição – suposição, suposição, suposição.

"Eu gostava de pensar que era bastante astuto", disse Tom. "E o que acontece é que às vezes estou certo, às vezes estou errado. A verdadeira questão é se estamos ou não aprisionados por nossas suposições. Eu não me dava conta de que as pessoas me pareciam ser fundamentalmente críticas. Não sabia que minha ideia de pessoa é a de alguém que quer me repreender. Simplesmente pensava que as pessoas *eram* assim, mas o fato é que eu estava errado."

Tom recostou-se na cadeira e disse: "A dra. A. teve um *insight* que eu não esperava. Não é sempre verdadeiro – mas no meu caso era – que se a pessoa tem medo de ser criticada, provavelmente ela é bastante crítica. E que surpresa – descobri que sou uma pessoa crítica. Descobri que quando não estou criticando a mim mesmo, ocupo-me censurando os outros. Não vou aborrecê-lo com as mil e uma coisas que estão erradas com a decoração do consultório da dra. A. – ou com a própria dra. A. Você pode imaginar."

Tom inclinou-se para a frente e pôs as mãos sobre a mesa. "Conhece a palavra '*captious*'?"*

Sacudi a cabeça.

"Eu também não conhecia. Palavra fabulosa – significa propenso a perceber e dar grande importância a erros triviais. Implicante. Difícil de agradar. Isso lembra alguém que você conhece?" Ele pousou sua xícara. "Eu devo ter sido o pesadelo de um analista."

---

* Com a mesma origem latina de "capcioso" em português, "*captious*" tem como primeiro sentido "propenso a encontrar erros e chamar atenção para eles", que a palavra portuguesa não tem, significando apenas ardiloso, o segundo sentido da palavra inglesa. (N.T.)

Interrompi-o. "Longe disso", disse eu. "Ao que me parece você fez exatamente o que se poderia esperar que fizesse. Você foi lá e disse a ela o que sentia. Não creio que fosse difícil demais para ela passar uma hora por dia com você."

"Obrigado", disse ele, "mas isso é bobagem."

"Não, não é", insisti. "Um pesadelo é o paciente que não diz o que lhe passa pela cabeça. Ele bebe, em segredo. Estapeia o filho, mas não consegue contar."

"Não contar não é o meu problema", disse Tom.

"Não, você é um sujeito sincero."

"Eu não queria que minha análise fracassasse."

"Mas algumas pessoas querem. Pense no menino adolescente que está prestes a ser expulso da escola. Semana após semana, sessão após sessão, ele fica sentado em silêncio. A analista faz as coisas certas, faz interpretações refletidas e verdadeiras para o menino sobre a razão pela qual ele não quer falar com ela. Mesmo assim, ele não se envolve. Pode ser que o menino precise que a terapeuta fracasse para sentir que outra pessoa é mais inútil do que ele próprio.

Tom assentiu. "Não sou assim. Mas eu podia ser realmente muito negativo."

"Ela foi formada para pensar sobre seu negativismo, e pensou. Mas tudo bem, imagine seu problema levado um pouco mais longe – um paciente intensamente negativo. Imagine um paciente tão suscetível que experimenta quase todos os comentários de seu psicanalista, por mais verdadeiros, por mais delicadamente formulados que sejam, como se fossem um ataque. Até o silêncio do analista lhe soa como um ataque. Ou talvez ele examine a sala toda continuamente à procura das coisas que o analista aprecia – flores cortadas, quadros na parede, livros – e zomba delas, dia após dia. Esse é um paciente difícil."

"O que você faz quando tem um paciente assim?"

"Talvez eu o atendesse no primeiro horário da manhã."

"Não, fale sério."

"Falando sério. Aconselho meus alunos a não atender muitos pacientes assim, e a atendê-los na primeira hora da manhã, quando estão menos propensos a se irritar."

"Mas não é impossível não levar as coisas para o lado pessoal?", Tom perguntou.

"Sem dúvida. Fico irritado, mas com sorte encontro a razão pela qual o paciente precisa que eu fique irritado. Meu trabalho é ouvir, depois checar o que estou ouvindo contra minhas reações emocionais – como no caso do adolescente. Ele fazia sua analista ficar com raiva e se sentir um fracasso; ela compreendia que ele precisava que ela fracassasse."

Tom assentiu.

Eu disse: "Você falava sobre as críticas que fazia à dra. A., e ela pensava sobre elas com você. O que pode realmente ser preocupante é um paciente que tem um conceito elevado demais de seu analista e o analista concorda com ele. Analistas têm ansiedades também – em geral sobre sua capacidade de lidar com o que o paciente lhes traz. Quase todo analista, em um momento ou outro, conspirou com um paciente para evitar que os sentimentos mais perturbadores desse paciente – raiva ou loucura – entrassem no consultório. Não parece que isso acontecia com muita frequência com a dra. A."

Ficamos um minuto em silêncio.

Depois eu disse: "Não consigo deduzir, pelo que você está me dizendo, se a análise o ajudou?"

"É o que eu e a dra. A. estamos discutindo nas sessões nesse momento, porque acho que é hora de parar. Se você me pergunta se estou fundamentalmente diferente – não sei. Não sou capaz de distinguir. Penso que estou fundamentalmente menos crítico de mim mesmo. Sei que estou mais consciente."

"De que a maneira como você pensava o aprisionava?", perguntei.

"Estou mais consciente do que se passa nos bastidores", disse-me Tom. "E isso me dá um grau de escolha. Quando me pego magoado ou deprimido, posso tentar decodificar o sentimento – posso decidir se é alguma coisa que estou fazendo comigo mesmo ou algo que está sendo feito para mim. Isso me dá uma saída.

"Quando a pessoa não tem escolha, está perdida, fica enredada numa teia de repreensão e autorrepreensão. A pessoa tem uma maneira de pensar – uma maneira de ser – tão arraigada que não consegue questioná-la, não consegue nem conhecê-la. Ela simplesmente a vive. Ter uma escolha é uma libertação muito, muito grande."

Tom observou o garçom andar até a porta do restaurante. "Preciso lhe contar isso", disse ele. "Umas duas semanas atrás, eu estava deitado na cama. Jane estava embaixo preparando um bule de chá para nós. Eu podia ouvir os meninos no seu quarto, rindo, brincando com seus sabres de luz – uma perfeita manhã de domingo. Estendo a mão e sintonizo na Rádio 3. Uma música termina e o locutor diz: 'Em vez de nosso programa previsto, vamos transmitir um programa do historiador e apresentador...' – nessa altura estou pensando: 'Merda, que grande merda.' E o locutor segue com sua longa introdução, empolada, para aquele gênio maravilhoso, conquistador do mundo. E eu continuo: 'Mas que merda, quem é a porra desse seu especialista?' E exatamente no momento em que vou desligar o rádio, ele diz meu nome. Estavam retransmitindo um programa que fiz há alguns anos. Caí na gargalhada. Foi um momento tão surreal.

"Por que cargas-d'água estavam repetindo um velho programa meu? Presumo que o CD que iriam tocar estava arranhado. Que importa? O que quero dizer é: ainda fico mordido por todas essas coisas reais e surreais que a vida joga sobre mim. Ainda quero ser o único especialista em meu campo, e ainda há uma parte de mim que quer acreditar que se eu continuar simpático e limpo e trabalhar realmente com afinco, e fizer um grande sucesso, estarei protegido contra a depressão e a ansiedade.

"O que está diferente agora é que tenho na memória esse repertório de diálogos com minha analista que posso evocar e usar para compreender minha maneira de sair de um momento penoso. Sinto-me menos sozinho."

O garçom colocou a conta na mesa. "Deixe-me ficar com ela, você pagou da última vez", disse Tom.

Eu ainda queria saber por que ele não havia falado sobre sua análise antes, e perguntei-lhe.

"Eu não podia falar sobre a análise porque não sabia como falar sobre ela. Como podia contar para alguém – inclusive você – sobre aquela babaquice do sapato sem que pensassem que eu estava desperdiçando meu tempo e meu dinheiro? Eu não sabia ao certo se alguém veria a coisa maior."

Abotoando nossos casacos, saímos do restaurante. Tom passou o braço à minha volta e me deu um abraço. Abracei-o também.

Ficamos parados um momento na calçada. Tom fez um gesto para o alto da ladeira, em direção ao correio e às lojas. "Você vai subir ou descer?", perguntou.

"Descer, de volta para o consultório."

Observei Tom subindo a ladeira para pegar o metrô para casa.

Enquanto fiquei ali parado, fui tomado por uma sensação reconhecível, uma inquietação que me invade depois que um paciente sai de meu consultório e fico com a impressão de que, em nossa conversa, apenas rodeamos o que estava realmente no cerne da sessão. Sinto que falhei tanto para com meu paciente quanto para mim mesmo, e quero refazer a hora anterior, começar de novo a sessão recém-concluída. Tom não era meu paciente, é claro, e aquilo não fora uma sessão. Mas me incomodava que nem Tom nem eu tivéssemos falado diretamente sobre o que ele havia chamado de "a coisa maior" – nenhum de nós dois usara a palavra amor.

Quando o perdi de vista, ainda pensava em nossa conversa. As minúcias de Tom – o cheiro de seu suor, a lama em seus sapatos; como essa visão que ele tinha de si mesmo era oposta à que eu tinha desse homem grande, gentil, civilizado. Pensei sobre seu medo de que, se fosse conhecido, se fosse visto como acreditava realmente ser, seria considerado sujo, desiludido. E sendo sujo e desiludido, como poderia amar ou ser amado?

Retornar

Como um presente para o meu pai pelo seu 80º aniversário, minha mulher e eu organizamos uma viagem à Hungria. Viajaríamos de Budapeste para os montes Cárpatos, passando por todos os marcos de sua infância: a casa em que ele nasceu, sua escola primária, a fazenda de seus avós e a zona rural ao redor.

Através de um site de genealogia, entrei em contato com um homem chamado Alex Dunai, um guia turístico de Lvov, uma cidade da Ucrânia, renomado por encontrar aldeias há muito esquecidas. Parte detetive, parte tradutor, Alex trabalhava muitas vezes com os filhos de pessoas que haviam tido que se deslocar por causa da Segunda Guerra Mundial. À medida que minha mulher e eu tentávamos encontrar num mapa moderno os lugares de que meu pai se lembrava – os nomes haviam mudado, as fronteiras nacionais tinham sido alteradas –, Alex e eu trocávamos e-mails para planejar o itinerário. Com base no pouco que sabíamos sobre a aldeia em que meu pai crescera, concordamos que o melhor seria provavelmente começar nossa viagem em Mukachevo.

Chegamos ao hotel Langer numa tarde do fim de maio. Situada a pouco mais de 320 quilômetros de Budapeste, Mukachevo é agora parte da Ucrânia. O ar estava quente e empoeirado. Numa esquina perto do hotel um homem vendia cordões de cogumelos secos e cerejas amarelas. Embora as ruas estivessem cheias, parecíamos ser os únicos hóspedes do hotel.

Meu pai sugeriu que deixássemos as malas em nossos quartos e saíssemos para caminhar. Nós o seguimos primeiro até o centro da cidade, depois por uma série de ruas laterais. Ele se movia rapidamente, sem falar. Percebendo sua familiaridade com o lugar, deixei que nos levasse para onde quisesse. Enquanto esperávamos para atravessar uma rua, meu pai nos contou que dos catorze aos dezenove anos havia morado ali, em Mukachevo, durante a semana – na casa de uma viúva, uma mulher chamada Anna Treichman –, de forma que pudesse frequentar a escola. Anna morava numa casa bem em frente a uma igreja católica. Ele dividia um quarto cheio de correntes de ar com seu primo Eugene e fazia a maior parte dos deveres da escola sentado na cama. Meu pai se lembrava de que o quarto, em L, ficava atrás da cozinha, e, da janela, ele e Eugene podiam ver a torre pontuda de um castelo. Ele estudava numa escola próxima, um ginásio russo, e toda sexta-feira pegava um ônibus de volta para sua aldeia.

Chegamos a uma pracinha perto do rio, bem no momento em que o sol se punha. Meu pai nos conduziu para uma casa baixa, de um só pavimento, em frente à igreja. Junto dela havia um portão que se abria para um pátio, onde uma mulher idosa regava tomateiros. Alex falou com ela em ucraniano, e entendi que ela nada sabia sobre uma sra. Treichman ou qualquer dos outros proprietários anteriores da casa. Mas nos convidou para entrar e dar uma olhada. Minha mulher segurou minha mão.

Alex abriu uma porta de madeira ao lado da casa e nós três entramos. Estávamos num cômodo em forma de L, não muito maior que uma despensa – uma fria e úmida área de armazenamento atrás da cozinha. De pé ali, cabeças baixadas, ocupávamos a maior parte do espaço disponível. Por um momento, senti a solidão que meu pai devia ter sentido, dormindo longe de seus pais. Perguntei se ele sabia o que fora feito da sra. Treichman. "Auschwitz", respondeu. "Acho que ela foi morta no dia em que chegou." Ele correu os olhos pelo quarto. "Não, acho que esta não é a casa."

Olhei à minha volta de novo também – o quarto tinha forma de L e pela janelinha eu via o castelo. Comecei a falar. Meu pai disse: "Vamos embora. Quero voltar para o hotel."

Ele saiu e eu o segui.

"Você está bem?", perguntei.

"Estou ótimo, essa realmente não é a casa."

"Você acha que é aquela ao lado?", perguntei.

"Não, está tudo bem. Vamos apenas voltar para o hotel."

"Tem certeza? Podemos pedir ao Alex que pergunte aos vizinhos."

"Não, não, está ótimo. Quero apenas ir embora."

Obviamente, ao planejar a viagem, eu havia pensado sobre como meu pai poderia se sentir voltando ao mundo que havia deixado quando tinha dezenove anos. Quando discutimos o itinerário alguns meses antes, ele me dissera que estava empolgado, realmente ansioso para ver os lugares que planejávamos visitar – mas eu sabia que a viagem não seria fácil. Passei o braço em volta de seus ombros, disse mais alguma coisa, insisti no que sentia que nós dois sabíamos ser verdade. "Mas, pai, você estava tão certo – você nos trouxe direto até aqui."

Ele se afastou. "Vou esperar na esquina."

Agradeci à mulher em inglês e Alex traduziu minhas palavras. Quando terminamos nossas despedidas e fechamos o portão atrás de nós, meu pai estava atravessando a praça, voltando para o centro da cidade. Vendo-o desaparecer numa rua lateral, minha mulher olhou para mim: "Seu pai está bem?", perguntou.

"Por que ele não quer se lembrar?", respondi.

"O que quer dizer?"

"O lugar é esse, mas acho que ele se convenceu de que não pode ser – e não quer falar sobre isso."

Na manhã seguinte, fomos de carro a uma aldeiazinha chamada Makar'ovo, a cerca de dezoito quilômetros ao sul, onde meu pai nasceu. À medida que nos aproximávamos, ele foi apontando as antigas casas de primos, avós e bisavós, e o terreno baldio onde outrora se erguia a sinagoga. "Ali está o armazém do Ackerman", disse, apontando para uma construção de blocos de concreto fechada com tábuas num cruzamento sossegado. "Minha mãe fazia compras ali."

Meu pai disse a Alex para virar à direita. "A casa da minha avó é logo ali." Passamos por várias casas e em seguida ele pediu a Alex que parasse. Estávamos diante de uma casa de telhado baixo, atarracada, onde, meu pai nos contou, ele vivera com os pais, irmãos e irmã. Alex nos deixou no carro e foi falar com umas pessoas paradas à margem da rua. Um casal de idosos saiu da casa onde meu pai nascera. Alex conversou com eles durante alguns minutos e em seguida fez um gesto para nos aproximarmos. Fomos convidados a entrar, mas durante a meia hora que lá passamos meu pai não deu nenhum sinal de reconhecer qualquer coisa. Andando de volta para o carro, ele se virou para mim e disse: "Não, eu acho que deve ser outra casa."

"Vamos subir a rua e olhar as outras", eu disse.

"Não, está tudo bem, vamos seguir em frente. Eu realmente não acho que é essa", ele respondeu.

"Vamos perguntar aos vizinhos, alguém pode saber alguma coisa", minha mulher propôs. "Vou chamar Alex."

"Não, prefiro que não. Eu gostaria de ir embora", disse ele.

"Pai, fizemos uma viagem tão longa, não precisamos entrar no carro ainda", insisti.

"Não, não, está ótimo. Vamos embora."

Em seguida percorremos os catorze quilômetros até Nehrovo – que mal é uma aldeia, mais um punhado de três ou quatro fazendas – para ver a fazenda que pertencera outrora ao meu bisavô. Muitos anos antes, minha mãe me contara que meu pai fora deixado com os avós quando tinha três anos, para que sua mãe pudesse cuidar de seus irmãos mais novos. Dividindo o quarto com o avô austero e religioso, ele morara de vez em quando com esses avós durante a maior parte de sua infância. Alex falou com uma mulher que agora vivia ali, e ela nos deu permissão para andar pelo lugar. Meu pai apontou a velha casa, as construções da fazenda e os estábulos. Olhando para o terreno do alto de uma colina, ele nos contou que antigamente havia um moinho na propriedade. Alex disse: "Oh, ele ainda está ali, junto da estrada, bem na nossa frente."

"Não, não, o moinho era muito maior", disse meu pai. "Não pode ser esse."

Andamos até a construção e, por uma janela empoeirada, vimos a mó redonda. Pareceu óbvio para todos, exceto para meu pai, que esse era o moinho e que pouca coisa mudara em cem anos. Eu disse: "Pai, acho que a questão é que coisas que nos pareciam grandes quando éramos crianças parecem menores quando voltamos a vê-las quando adultos – tenho certeza de que é o mesmo moinho."

"Está ficando tarde", disse ele. "Acho que deveríamos voltar."

Entramos todos no carro. No caminho de volta ao hotel, ninguém falou – Alex perguntou se nos incomodaríamos se ele ligasse o rádio.

Estava acertado que passaríamos a manhã seguinte nos Cárpatos, em uma estação de veraneio que a família de meu pai costumava visitar todos os anos, mas comecei a me perguntar se valeria a pena.

Naquela noite, enquanto tomávamos uma cerveja, desculpei-me com Alex pela falta de apreciação de meu pai pelo trabalho que ele fizera. Alex ouviu, assentindo com a cabeça enquanto eu falava, e depois me contou sobre outro cliente seu, uma mulher de Buenos Aires. A aldeia dela era composta de poucas dúzias de casas na fronteira entre a Polônia e a Rússia. "Primeiro os nazistas a destruíram", disse Alex. "Depois os soviéticos se apoderaram do pouco que sobrara. Até as pedras que pavimentavam as velhas estradas tinham desaparecido."

A mulher entrara em contato com Alex e juntos eles tinham retornado à sua terra natal. "A única coisa que restara era um grande carvalho que antes ficava na praça da aldeia", disse ele. Um ano depois, a mulher voltou com a irmã, e nos anos seguintes com uma amiga, depois com os filhos, por fim com os netos. A cada ano Alex e sua cliente caminham oitocentos metros por um campo barrento até onde a aldeia se situava e, a começar da árvore, contavam passos para localizar suas ruas e casas. "'Era aqui que ficava a casa de minha avó', dizia ela, 'a sinagoga era aqui, minha casa era aqui.'"Alex pousou seu copo. "Não havia nada ali, e ela via tudo. Com seu pai, está tudo aqui, e ele não vê nada."

Ele olhou para mim. "Cada um faz isso de maneira diferente", disse.

No aeroporto, meu pai me viu entregar um envelope a Alex. "Você lhe deu uma gorjeta?", perguntou ele depois, sacudindo a cabeça. "Que absurdo! Por que você lhe daria mais dinheiro?"

Senti a raiva dos dias anteriores crescer de novo dentro de mim. "Ele encontrou tudo, pai. Ele não poderia ter feito mais por nós."

Mais tarde, de volta a Londres, e de volta ao meu trabalho psicanalítico, ocorreu-me o pensamento de que o lembrar e o não lembrar de meu pai talvez expressassem uma simples verdade psicológica: esvaziados das pessoas que ele amava, os lugares que visitamos não eram mais os lugares que ele conhecera. Mais do que isso, porém, passei a me sentir cada vez mais constrangido com o presente de aniversário que dera a ele. Muitas vezes eu discutia com meus pacientes o fato de que um presente podia ser controlador, até cruel – era isso que eu estava fazendo? Eu o havia convidado para a viagem, o que queria dele?

A viagem me tornara consciente, também, de que o Holocausto havia privado meu pai da oportunidade de pensar sobre sua infância. Ele havia sido mandado para longe de casa, primeiro para a fazenda dos avós e depois para a escola. E vi, como nunca vira antes, que ele devia ter se sentido abandonado, que o Holocausto havia eclipsado sua própria adversidade anterior. Tendo escapado do extermínio, ele só podia dizer uma coisa sobre sua criação: "Eu tive sorte."

Quase um ano após nossa viagem, deparei com uma matéria de jornal sobre jornadas a cavalo na Escócia. Recortei o artigo para enviar à minha irmã, sugerindo que ela poderia se interessar. Ela gostava de andar a cavalo quando criança. Meu pai costumava levá-la para montar toda semana num estábulo próximo. Em algum lugar há uma fotografia que minha mãe tirou dos dois: minha irmã com doze anos, sorrindo enquanto observa meu pai colocar rédeas num cavalo. Uma vez me lembrei de perguntar ao meu pai por que ele sabia tanto sobre cavalos. Ele começou a me contar que passara muito tempo lidando com eles quando era menino, na fazenda do avô. Quando lhe perguntei se alguma vez tivera seu próprio cavalo, ele mudou de assunto abruptamente e se afastou – mais ou menos como se afastara de mim na primeira noite de nossa estada em Mukachevo.

Naturalmente, essas lembranças me fazem pensar novamente em como escolhi passar os meus dias: sozinho com outra pessoa, pensando – tentando estar presente. Em sua maioria, meus pacientes estão decididos a trabalhar comigo por tanto tempo quanto seja necessário.

Como Alex, levo-os de volta ao lugar onde começaram, usando quaisquer marcos que restem. Ajudo-os também a medir com passos um mundo invisível, mas palpável. Por vezes tenho a impressão de ser um guia de excursão – parte detetive, parte tradutor. E ele tem razão – cada um faz isso de uma maneira diferente.

Mas essa não era a história toda. Oito meses depois de nossa viagem, minha filha, Clara, nasceu. Um dia, quando tinha cinco anos, ela me ouviu falando ao telefone. Meu pai havia ligado para me contar que uma prima nossa, uma mulher com quem eu convivi durante toda a minha vida, havia morrido.

Minha prima Toby nascera Teresa Grosz. Seu avô e o avô de meu pai eram irmãos. Ela nascera e fora criada na fazenda em Nehrovo. Quando meu pai foi para os Estados Unidos, em 1940, Toby e a família ficaram. Em abril de 1944, todos os que viviam na fazenda foram levados pelos nazistas, primeiro para a fábrica de tijolos em Mukachevo, onde foram mantidos por vários dias sem comida ou água, depois, em vagões de gado, para Auschwitz. Ao chegar, Toby, sua irmã Helen e Eugene, o companheiro de quarto de meu pai – todos adolescentes na época –, tiveram a cabeça raspada e o braço tatuado com um número. Eles foram forçados a trabalhar. O resto da família de meu pai e quase todas as outras pessoas que ele conhecia foram enviados para as câmaras de gás.

Ao telefone, meu pai e eu conversamos sobre a vida de Toby. Ele e a prima tinham brincado juntos na fazenda; ele se lembrava de que ela tinha sido uma menina feliz. Mas que nunca havia se adaptado à vida nos Estados Unidos. "Ela viveu mais de sessenta anos aqui, mas essa nunca foi a sua terra", disse ele.

Desliguei o telefone, e minha filha apareceu no vão da porta. Ela me fez perguntas sobre o que tinha ouvido. Em resposta às suas questões – sobre Auschwitz e sobre os nazistas – me vi lutando para encontrar as palavras certas. Vi em mim mesmo – e, nesse momento, reconheci em meu pai – o impulso de esconder tamanho horror de meus filhos.

Sobre suportar a morte

Minha paciente Lucy N., uma jovem pesquisadora, colocou o casaco e o cachecol no sofá e sentou-se na cadeira em frente a mim. "Não quero me deitar hoje, não quero terapia."

Ela olhou diretamente para mim. "Não se preocupe", ela disse. "Não parei de comer. Jantei ontem à noite e comi alguma coisa hoje no café da manhã. Quero apenas lhe contar o que aconteceu."

Essa sessão foi às nove horas de uma manhã de sexta-feira. Logo depois da meia-noite na noite anterior, Lucy fora dormir no sofá da sala da casa dos pais. Sua mãe cochilava no outro sofá. Uma enfermeira estava com seu pai no quarto. Algumas horas depois, por volta das quatro e meia, sentiu sua mãe inclinando-se sobre ela. Ela pôs a mão sobre o travesseiro de Lucy e sussurrou: "Precisamos ir ao quarto agora."

No quarto, a enfermeira acendera todas as luzes. A mãe sentou-se numa cadeira. Lucy andou até o outro lado da cama e sentou-se perto do pai. Ele tinha a cabeça inclinada para trás, a boca escancarada, a respiração muito superficial. Lucy tocou sua testa e sua face, depois pegou a mão dele.

Quando o pai soltou um arquejo estranho, a mãe fez um barulho. "Soou como um 'argh'", disse Lucy. "Talvez ela estivesse surpresa, não enojada, mas aquilo me irritou. Até a maneira como ela segurava a mão dele me irritou. Ela não a *segurava*. Não parava de afagá-la de leve, com as pontas dos dedos, dizendo: 'Passou, passou.' Eu queria dizer a ela para parar, mas não disse. Tentei apenas me concentrar em meu pai.

"'Ele está indo', disse a enfermeira. Então eu me deitei na cama junto dele. Pus a cabeça junto da sua no travesseiro. Coloquei a mão sobre seu peito e inclinei a testa contra o lado de seu rosto. Sua barba estava áspera e me fez lembrar de quando eu era pequena e ele costumava me dar um beijo de bom-dia. Eu pensava nisso quando senti a mão de minha mãe no meu ombro, sacudindo-me, dizendo para eu me levantar. Eu não queria, mas me levantei – imediatamente. Não quis expor a fraqueza dela na frente da enfermeira.

"Quando me sentei ele abriu os olhos por um breve instante. Olhou direto para o teto. Acho que não podia ver nada. Depois fechou os olhos e se foi."

A enfermeira saiu do quarto e a mãe de Lucy a seguiu. Alguns segundos depois, a mãe enfiou a cabeça pela fresta da porta e disse à filha que precisava dela. "Ela queria conversar comigo sobre o que fazer em seguida. Disse-lhe que precisava apenas de alguns minutos sozinha com papai."

O sol começava a se levantar. Lucy abriu as cortinas e apagou as luzes. Ela queria que o quarto ficasse como o pai gostava. Sentou-se na cama. "E depois apenas conversei com ele", disse ela.

Ela contou ao pai que estava aliviada por ele não estar mais sofrendo, por ele estar em paz. "Disse que o amava e que lamentava qualquer dor que pudesse ter lhe causado. Disse que ele estaria sempre comigo. E dei um beijo nele."

Haviam sido apenas alguns minutos, ela contou, mas os lábios do pai estavam frios. Lucy ficou sentada ali em silêncio com ele.

Após algum tempo, ela foi até a cozinha, fez um bule de chá e telefonou para o irmão e os tios. Terminados esses telefonemas, ela saiu de casa – para que a mãe não pudesse ouvir – e me ligou para contar que o pai havia morrido e perguntar se eu teria uma hora extra para vê-la naquela manhã. Depois ficou sentada na cozinha. Sentia-se cansada, mas não tinha nenhum desejo de dormir.

Durante os últimos dias, enquanto seu pai estava morrendo, ela se sentira muitas vezes à beira de explodir com a mãe; podia sentir o ressentimento crescendo dentro dela. "Tive medo de esbravejar com ela. Ela foi péssima para cuidar de mim e péssima para cuidar do meu pai, mas não vai adiantar muito eu dizer isso agora para ela."

Lucy consultou seu relógio. "Sei que está na hora de parar, mas posso falar mais uma coisa?"

"É claro", eu disse. "O que é?"

"Tive um sonho. Tenho medo de esquecê-lo. Acho que estava tendo esse sonho quando minha mãe me acordou."

No sonho, Lucy viajava num trem com um bebê recém-nascido. Ela sabia que o bebê não era seu – como poderia ser? Mas não havia mais ninguém para cuidar dele, e ele estava com fome, por isso ela o pôs em seu seio e descobriu que tinha leite. Ele se acalmou e adormeceu. Foi então que ela se deu conta de que o bebê era seu pai. Não sabia como sabia disso, mas sem dúvida o bebê era ele. Isso não era perturbador, apenas um fato.

"Não tenho a menor pista do que isso quer dizer", disse Lucy. "A questão do bebê é tão estranha."

"Estranha em que sentido?", perguntei.

"Nunca sonhei assim com um bebê antes. Esse sonho pareceu diferente."

O agente funerário iria chegar às dez e meia e Lucy ainda tinha de voltar a seu apartamento para pegar algumas roupas limpas. "Talvez possamos falar sobre o sonho semana que vem", disse ela.

Mas não falamos sobre o sonho na semana seguinte. Ela estava sobrecarregada – organizando o funeral do pai, escolhendo alguém para escrever o obituário e lidando com o comportamento da mãe. Na semana posterior a essa, houve a questão do testamento do pai. Lucy usou suas sessões para tentar resolver esses problemas, falar sobre o pai e os meses anteriores à sua morte – havia mais alguma coisa que ela poderia ter feito? – e imaginar os anos que teria pela frente sem ele.

Minhas primeiras intuições sobre o sonho tinham a ver com as razões pelas quais Lucy me procurara, em primeiro lugar. Ela viera dois anos antes, quando tinha 27 anos, porque a anorexia que sofrera na adolescência voltara de forma violenta. Aos dezesseis anos, havia sido hospitalizada e quase morrera. Em nosso primeiro encontro, parecia uma criança abandonada, desnutrida, debilitada e flácida. Estava perdendo peso e sua menstruação havia parado por completo. Seu cabelo estava sem brilho, e sua pele, pálida. Embora tivesse um namorado e um gato, seu único interesse parecia ser seu projeto de pesquisa de pós-doutorado. Mas mesmo nessa área estava lutando com a insegurança. "Eu deveria ter parado num mestrado. Nesse caso estaria trabalhando para outra pessoa, desenvolvendo os experimentos dela, não tendo de criar minhas próprias ideias de pesquisa. Sou incapaz de gerar qualquer ideia original."

A imagem que Lucy tinha de seu corpo era igualmente estéril. Sentia-se incapaz de se alimentar ou cuidar de si mesma. A ideia de ter um bebê simplesmente não existia.

Durante os últimos três meses da vida do pai, porém, enquanto ela cuidava dele, sua própria saúde parecia melhorar, talvez porque estivesse cozinhando para ele e o alimentando. A necessidade de cuidar do corpo do pai a estava tornando mais atenciosa com relação ao seu próprio. Apesar disso, o sonho de amamentar um bebê para fazê-lo dormir me pareceu vagamente ameaçador. Durante muitos anos, Lucy havia lutado com os pais. Em nossas sessões, quando não estava atacando a si mesma, estava atacando-os. Às vezes, se comportava como se tivesse de matar os pais para tornar-se ela mesma. Meu primeiro pensamento foi que o sonho provavelmente surgira de seu sentimento inconsciente de que havia algo fatal nela que – pudesse ela ao menos alimentar o pai com aquilo – o ajudaria a morrer. Mas vim a descobrir que estava completamente errado.

Quatro meses depois de ter me contado o sonho, Lucy entrou em meu consultório e me disse que estava grávida. Sentou-se no sofá e contou como foi comprar um teste de farmácia, urinar no bastão e observar, incrédula, o aparecimento de uma linha azul. Ela estava felicíssima.

Lucy e o namorado não usavam nenhum contraceptivo porque ela estava convencida de que não podia engravidar, não com seus ciclos menstruais irregulares. Como isso pode ter acontecido?, ela se perguntava, rindo. "Obviamente eu sei que o gameta masculino e o gameta feminino se fundiram para produzir um zigoto. Mas me pergunto como pude ser capaz de engravidar. Talvez tenha sido o sonho", disse ela.

"Um sonho?", perguntei.

"O sonho. O sonho que tive na noite em que meu pai morreu."

Voltamos a falar sobre os últimos dias de seu pai. Incapaz de falar e incontinente, era ela quem trocava as fraldas dele regularmente. Em algumas noites, como o pai se sentia amedrontado, ela ficava acordada com ele até que o dia clareasse. E embora ainda não tivéssemos falado sobre o sonho, Lucy afirmava saber como eu o compreendera.

"E o que foi que pensei?", perguntei.

"Que cuidando de meu pai, eu tinha aprendido que era capaz de cuidar de um bebê. Você não disse isso, mas eu esperava que dissesse: 'Sua mãe não está no sonho. O sonho é sobre *você* sendo mãe. Você pode ser mãe, porque descobriu que não tem de ser uma mãe como a sua mãe.' Pensei que o trem em que estávamos viajando poderia representar um nova linha de pensamento. O sonho foi, na verdade, bem direto."

Lucy ficou em silêncio por um momento, depois descreveu uma colega de trabalho que tinha sido incapaz de engravidar, mesmo com fertilização *in vitro*. Após ser aprovada pela agência de adoção, ela engravidou. "Ela precisava que alguém lhe dissesse que seria uma boa mãe. Meu sonho foi assim, eu estava dando aprovação a mim mesma para engravidar, você não acha?"

"Eu não o tinha interpretado assim na época", eu disse, "mas acho que você está certa." Pareceu-me também que Lucy havia encontrado sua voz – uma maneira de pôr seus próprios sentimentos em suas próprias palavras –, não só comigo, mas também apesar de mim.

Durante o resto da sessão, ela falou sobre os planos que estava fazendo com o namorado: eles iriam transformar o escritório num quarto de bebê; por fim, quando ele tivesse um aumento, os dois teriam condições de morar num lugar maior.

Enquanto ouvia Lucy, imaginei-a com um bebê recém-nascido. Ela sentada no parque com seu bebê, e depois, alguns anos mais tarde, caminhando com o filho para a escola. Senti que ela estava certa, ela estava mudada – e que o fim de nosso trabalho havia começado.

Partir

Através do silêncio

HAVIA TRÊS MESES que Anthony M. vinha me ver, quando, após muita discussão, decidiu fazer o teste de HIV. Vários dias depois ele se sentou no sofá e começou a chorar – aos 29 anos, acabara de ser informado de que era HIV positivo. Estávamos em 1989, e não havia nenhum tratamento para a aids.

Como seu médico em Londres não quis lhe dar um prognóstico de sua expectativa de vida, Anthony perguntou a um velho amigo, um médico de São Francisco. Com seu sistema imunológico, seu amigo lhe disse, ele poderia "viver por mais dois anos e ter a esperança de viver quatro".

Nas semanas que se seguiram ao resultado do teste, Anthony contou muitos sonhos – de aviões caindo do céu, furacões revirando a Terra. Teve um em que todo mundo tinha aids. Ora, disso podemos compreender como significado que, se todo mundo tinha aids, então ninguém tinha aids. Anthony se sentia isolado, amedrontado e sozinho.

Durante esse tempo, Anthony continuou a falar sobre sua vida e seus sentimentos, mas seu fluxo de palavras foi se tornando cada vez mais lento, até que um dia ele caiu em completo silêncio. Às vezes ele chegava, falava comigo sobre o trabalho ou a família, um relacionamento ou uma consulta a um médico e depois se calava. Outros dias, podia se deitar e ficar quieto pelos cinquenta minutos inteiros. "Realmente me sinto muito triste", disse-me ele no fim de uma dessas sessões.

Parece-me difícil transmitir a atmosfera dessas sessões – a quietude e a opressão esmagadora no consultório. Não havia nada de entorpecedor nos silêncios; ao contrário, eu ouvia mais atentamente. Sentei-me mais para a frente, na beirada de minha cadeira. Há silêncios ansiosos, em que o paciente – braços cruzados, olhos abertos – se recusa a falar. Há silêncios desconfortáveis, que se seguem à revelação de algo íntimo ou sexual, digamos. Os silêncios de Anthony eram inteiramente diferentes; ele não estava resistindo ou constrangido. Em circunstâncias ordinárias, eu poderia perguntar a um paciente que passou algum tempo em silêncio em que estava pensando ou o que estava sentindo, e umas duas vezes fiz isso com Anthony. Mas logo compreendi que minha fala era uma intromissão, uma perturbação.

Dia após dia, os silêncios de Anthony iam ficando cada vez mais pesados. Certa vez, deitado muito quieto, a respiração lenta e regular, ele caiu num sono profundo. A primeira vez que isso aconteceu, Anthony acordou um pouco embaraçado. "Acho que estou muito cansado", disse ele. "Quanto tempo eu dormi?" Mas logo ele estava dormindo regularmente dez ou quinze minutos na maioria das sessões, e, em geral, uma sessão inteira uma ou duas vezes por semana. Falou que aquilo não parecia sono – era mais como um desmaio, como ter recebido uma anestesia geral. Ele nunca sabia ao certo quanto tempo tinha dormido.

Meu primeiro pensamento foi que Anthony estava dormindo em suas sessões porque se sentia ansioso demais para dormir durante a noite em casa. Sentia-se em segurança comigo; eu o velaria enquanto dormia.

De vez em quando, ele sonhava enquanto estava no sofá. Numa ocasião, cerca de nove meses após começar a análise, Anthony estava deitado de lado. Ele olhava para minha estante de livros do outro lado da sala, até que fechou os olhos e adormeceu.

Vinte minutos depois, quando acordou, contou que havia sonhado que estava folheando um livro médico. Nele, havia uma ilustração que mostrava um feto dentro da mãe. A imagem era comovente. Ele observou o sangue passando entre a mãe e o bebê por via do cordão umbilical. A legenda dizia: "Este bebê está sendo infectado pelo sangue da mãe, porque ela é HIV positiva." Começou a soprar um vento, virando as páginas do livro, "como nos filmes, quando o vento vira as páginas de um calendário". E em seguida ele despertou.

Com base no que eu sabia sobre Anthony e em minhas ideias sobre transferência – a maneira como todos nós construímos uns aos outros segundo imagens visualizadas bem cedo – vi esse sonho como uma expressão de seu desejo de ficar perto de mim, mas também de me manter a distância. Ele queria se sentir contido por mim, mas tinha medo de que eu fosse venenoso. Chegamos à conclusão de que ele temia que minhas palavras pudessem lhe fazer mal, deixá-lo doente, como o feto que estava sendo infectado pela mãe. Ele disse: "Fico com medo de que, se falarmos sobre isso, eu vá ficar doente."

Pensei que havia compreendido o que estava acontecendo na análise e escrevi isso na forma de uma conferência. Mas pouco depois que minha conferência foi publicada no *International Journal of Psychoanalysis*, comecei a me sentir desconfortável com o que tinha escrito. Anthony continuava adormecendo durante as sessões e, até onde eu podia ver, minhas interpretações surtiam pouco efeito. Comecei a me sentir cada vez mais perdido em seus silêncios.

Após passar milhares de horas sentado com pacientes, eu tinha desenvolvido um relógio interno para cinquenta minutos.

Mas com Anthony meu relógio não funcionava. Uma sessão inteira podia se passar no que eu sentia como minutos, ou exatamente o oposto. Numa ocasião, quando estava prestes a dizer a Anthony que tínhamos de parar, olhei para o relógio e descobri que apenas alguns minutos haviam se passado. Embora eu não lhe tenha dito isso no momento, ocorreu-me que ele queria parar o tempo – permanecer para sempre no presente, onde não estava doente ou morrendo.

Três anos depois do início de sua análise, seu sistema imunológico desmoronou. Sua contagem de células CD4 já estava fora da faixa normal (500 a 1.500 células por milímetro cúbico de sangue) havia algum tempo, mas de repente caiu de 175 para 43. Quando um sujeito infectado com HIV tinha uma contagem de CD4 de menos de 200, era diagnosticado como tendo aids. Embora Anthony parecesse bem e não estivesse doente, tornava-se cada vez mais provável que logo contrairia pneumonia pneumocística ou alguma outra infecção potencialmente fatal.

Alguns dias depois de saber que as células CD4 de Anthony estavam criticamente baixas, recebi um convite para um seminário clínico no exterior e decidi apresentar o caso. Queria fazê-lo porque tinha a impressão de que nosso trabalho era incomum; que, em sua maior parte, pacientes HIV positivos recebiam aconselhamento que enfatizava orientação e conforto – o que Anthony chamava de "cobertura de açúcar". Ele dizia que lidar com a questão de forma realista, por mais penoso que fosse, era sempre mais tranquilizador do que o conforto. De uma forma ou de outra, eu estava convencido de que psicanalistas iriam atender um número cada vez maior desses pacientes. Durante um intervalo, um eminente psicanalista aproximou-se de mim e disse: "Estávamos conversando depois de você ter apresentado seu caso, e eu queria lhe perguntar por que está desperdiçando seu tempo com esse paciente. Ele vai morrer. Por que não ajudar alguém que tenha um futuro?"

Sua pergunta me chocou e irritou. Pareceu cruel. Estava claro para Anthony e para mim que a análise o havia ajudado a superar a ansiedade e a depressão, e que isso lhe dava condições de aproveitar melhor os cuidadoes de seus médicos. A análise também o ajudou a viver com o desconhecido. Em suas palavras: "Viva bem enquanto puder viver, morra bem quando tiver de morrer."

Ainda assim, a questão do analista americano ficou em minha mente e me fez compreender como eu me tornara protetor de meu paciente.

Algumas semanas depois, Anthony perguntou se eu continuaria a vê-lo quando fosse finalmente internado num hospital. Respondi que iria vê-lo todos os dias para sua sessão. Continuaríamos nos vendo como fazíamos agora, cinco vezes por semana.

"E se o hospital não permitir?"

"Acho que ninguém pode impedir que eu vá vê-lo durante as horas de visita, que puxe uma cadeira para perto de você e que nós continuemos a conversar."

"Talvez eles nos deixem ter um quarto, mas, senão, poderíamos simplesmente puxar a cortina à nossa volta, não é?"

"Você quer saber se eu estarei com você enquanto precisar de mim, e estarei."

Ele respondeu que sabia que eu estaria com ele, e em seguida chorou.

Foi depois desse diálogo que fomos mais capazes de pôr em palavras o que ele queria. Ele preferiria se suicidar perto do fim, disse, do que sentir que o vírus vencera. Não queria morrer amedrontado ou sozinho; na medida do possível, queria evitar a dor. Não queria morrer num estado de pânico ou perseguição, mas ser "capaz de viver minha morte".

Anthony se considera um sujeito de sorte. Vinte e dois anos depois que nos encontramos pela primeira vez, sua carga viral é indetectável e sua contagem de CD4 está na faixa normal. Ele goza de boa saúde. Como não tem mais medo de que sua doença se torne uma realidade se pensar ou falar sobre ela, tornou-se proativo em seus cuidados médicos. E os remédios certos chegaram na hora certa. "Tome isso, seu sacana", ele pensa ao ingerir sua dose diária de comprimidos.

Ainda nos encontramos, mas com menor frequência. E embora raras, ainda há ocasiões em que ele cai no sono por alguns minutos numa sessão – em geral no dia de um exame de sangue ou de seu resultado, ou após ouvir a notícia da morte de um parente ou amigo. Quando isso acontece agora, é um lembrete, alertando a nós dois que a morte está mais próxima do que gostaríamos de acreditar.

Hoje penso que os silêncios de Anthony expressavam coisas diferentes em momentos diferentes: sofrimento, um desejo de estar perto de mim mas permanecer separado, e um desejo de parar o tempo. Anthony me contou que sentia que esses silêncios eram uma cura também, uma chance para ele regredir, ser cuidado. O aprofundamento do silêncio era um sinal do aprofundamento da confiança de Anthony. É possível que eles fossem ainda uma maneira de ensaiar o momento de sua morte, mas eram principalmente algo que atravessávamos juntos. E assim Anthony descobriu que podia suportar mais facilmente a ideia de sua morte, aceitar o silêncio, porque se sentia vivo na mente de outrem.

Sobre o fim do luto

MEUS REGISTROS MOSTRAM que recebi Alice P. para uma consulta em junho de 1988. Ela começou nosso encontro dizendo: "Faz anos que não me sinto eu mesma. Não sei como me desvencilhar disso." Falou-me um pouco sobre sua família. Ela e o marido queriam dar uma boa base às duas filhas, e "as meninas" tinham se saído bem – naquele ano, a caçula se formaria em medicina em Oxford. Perto do fim da consulta, Alice sentou-se mais para a frente na cadeira. Contou-me que, dezenove anos antes, seu terceiro filho, Jack, morrera de maneira inesperada. Ele tinha três meses. "Era uma sexta-feira – dia 27 de junho de 1969 –, logo depois do almoço. Amamentei Jack e coloquei-o para dormir. Quando voltei, ele estava morto."

Ouvi quando Alice, em seguida, descreveu uma passagem de *A anatomia de uma dor: um luto em observação,* de C.S. Lewis, em que Lewis teme estar, pouco a pouco, perdendo a lembrança de sua esposa morta: "Como flocos de neve acomodando-se sobre sua lembrança até que sua forma real fique escondida, é como Lewis o expressa. Não é assim para mim", disse ela. "Lembro-me de tudo sobre Jack – o cheiro de sua pele, seu sorriso, tudo."

Mantendo-se absolutamente imóvel, ela disse: "Uns dois dias atrás, eu estava na cozinha preparando o café da manhã, ouvindo rádio, e deram uma notícia horrível sobre umas crianças que morreram num acidente de barco. 'Jack está livre de se afogar', eu pensei. É assim que penso: Jack está livre de motoristas bêbados, Jack nunca terá câncer ou sofrerá um ataque cardíaco – meu bebê está seguro. Isso é loucura. Eu não deveria pensar assim."

Seis meses atrás, Edmund K. pediu-me uma consulta. Aos 29 anos, Edmund já era o diretor de uma organização internacional de ajuda humanitária. Durante os cinco anos anteriores, havia visitado mais de trinta países, supervisionando trabalho assistencial no Afeganistão, no Sudão e no Iraque. Vinha tomando antidepressivos desde os dezenove anos, quando seu pai se suicidou. "Eu não deveria mais precisar tomar antidepressivos", disse-me ele. "Mas cada vez que tento parar, vejo-me de volta à situação em que estava aos dezenove anos – com raiva por meu pai ter se matado. É tão estúpido. Eu deveria ter encerrado isso anos atrás."

Alice P. e Edmund K. estão sofrendo, cada um à sua maneira. O que eles têm em comum é que sofrem porque estão presos à ideia do fim do luto.

Eles sofrem porque ambos esperam progredir, mover-se através de certos estágios de sofrimento. E quando não o fazem, sentem que estão fazendo algo errado, ou, mais precisamente, que há algo de errado neles. Sofrem duplamente – primeiro com a dor, depois com uma tirania de "deverias": "eu deveria ter saído disso", "eu não deveria ter tanta raiva", "eu deveria a essa altura ter deixado isso para trás", e assim por diante. Há pouco espaço aqui para exploração ou compreensão emocional. Essa maneira de ser leva a rancor contra si mesmo, desespero, depressão.

Quase certamente, a noção de encerramento do luto – de pôr fim ao pesar – tem raízes na obra de Elisabeth Kübler-Ross.

Nos anos 1960, Kübler-Ross identificou cinco estágios na experiência de pacientes com doença terminal, a última das quais é a aceitação. Há cerca de 25 anos, Kübler-Ross e muitos conselheiros do luto começaram a usar os mesmos cinco estágios para descrever as experiências tanto de moribundos *quanto* de enlutados.

Há muito tempo penso que Kübler-Ross estava errada. Os "estágios psicológicos" da morte e do luto são completamente diferentes. Para a pessoa que morre, há um fim, mas para a enlutada não é assim. A pessoa que fica continua vivendo e enquanto viver terá sempre a possibilidade de sofrer.

Cada um de nós vive o luto de uma maneira diferente, mas em geral o choque e o medo iniciais provocados pela morte diminuem com o tempo. Através do trabalho do luto, pouco a pouco nos sentimos melhor, embora alguma tristeza permaneça. Festividades e aniversários são notoriamente difíceis. A dor pode declinar e depois, sem aviso, ressurgir. A perda de um filho, uma perda por suicídio – essas, como muitas outras perdas, podem causar, e de fato causam, sofrimento duradouro.

Apesar disso, o fim do luto é o que a área do aconselhamento tende a prometer. A "literatura sobre o luto" é um subgênero florescente da "literatura da superação". Você já captou a mensagem: seu luto é algo que pode ser consertado. Você pode se recuperar. Pode terminar seu luto.

Minha experiência é de que o encerramento do luto é uma fantasia extraordinariamente persuasiva. É a ficção de que podemos amar, perder, sofrer e depois fazer *alguma coisa* para encerrar permanentemente a nossa dor. Queremos acreditar que podemos chegar a esse estágio porque o luto pode nos surpreender e transtornar – mesmo anos após a perda.

No dia 15 de novembro de 2008, um fogo na mata varreu as colinas e cânions acima de Montecito, na Califórnia, ferindo mais de duas dezenas de pessoas e destruindo 210 casas. Uma dessas casas pertencia a minha irmã. Embora incólume, ela e o marido perderam tudo, com exceção da roupa do corpo.

Um mês após o incêndio, quando falávamos ao telefone, minha irmã me contou sobre a maneira como a comunidade se unira – restaurantes ofereciam refeições gratuitas aos que tinham perdido alguma coisa na tragédia. Ela descreveu o processo de requisição de ajuda federal, os vários empréstimos disponíveis e me contou como um funcionário público fora prestativo com sua solicitação.

Eu disse à minha irmã que admirava seu pragmatismo, sua capacidade de se recuperar e de ir em frente com as coisas.

Ela me contou então que tinha ido visitar um médium.

Fiquei surpreso com isso, mas mais ainda com minha própria reação. Quando minha irmã disse que tinha falado com nossa mãe – que estava morta havia mais de vinte anos –, lágrimas me vieram aos olhos e me ouvi perguntar: "E o que a mamãe disse?"

Depois que desligamos o telefone, tive o pensamento de que recorremos à mediunidade quando precisamos de nossos mortos e não podemos aceitar a irrevogabilidade da morte. Queremos acreditar que o médium pode trazer nossos mortos de volta ao mundo dos vivos. O encerramento do luto é igualmente ilusório – é a falsa esperança de que podemos amortecer nossa dor viva.

Sobre o despertar de um sonho

Uns dois anos atrás, pouco antes do Natal, meu filho de quatro anos de idade deu entrada no hospital. Ele havia desenvolvido uma infecção chamada celulite pré-septal na pele em volta do olho direito – sua pálpebra estava muito vermelha e fechada pelo inchaço. Os médicos temiam que a infecção pudesse viajar até o nervo óptico e depois para o cérebro. Ele recebeu penicilina intravenosa e passou a ser monitorado. Durante sete dias, minha mulher e eu ficamos a seu lado e entramos no ritmo da vida na enfermaria infantil – as doses regulares de remédios de nosso filho, os turnos de doze horas das enfermeiras, as rondas matinais dos médicos. As ruas cobertas de neve aumentavam nossa sensação de isolamento.

Na primeira noite após voltar para casa, meu filho recusou-se a tomar os antibióticos. Minha mulher e eu nos mostramos alternadamente suplicantes, chorosos e zangados, mas nada adiantava. Por fim, contei-lhe uma história sobre a ocasião em que operei as amígdalas, e eu fugi de duas enfermeiras quando elas chegaram para me levar para a sala de cirurgia.

"Eu simplesmente não queria ir", eu disse. Meu filho refletiu sobre isso, e, após alguns minutos, concordou em tomar o remédio. Na hora de dormir, ele me pediu que contasse de novo sobre a ocasião em que eu fugira das enfermeiras.

Naquela noite acordei assustado com um sonho que começou a se dissolver logo que abri os olhos. Vi uma imagem de mim mesmo estendendo a mão para pegar um pequeno lagarto verde cor de capim que havia se enfiado rapidamente num espaço escuro entre duas rochas, desaparecendo na terra. O sonho parecia uma lembrança – tinha as cores de uma fotografia antiga, talvez algo que realmente acontecera quando eu era menino. Pensei que poderia ter algo a ver com a doença de meu filho, mas o quê? Em seguida me lembrei de outro detalhe do sonho, as quatro letras S, I, D, A.

Fiquei deitado no escuro por alguns momentos, correndo atrás do sonho mas sem conseguir me lembrar de mais nada. Frustrado, levantei-me da cama, fui à cozinha e enchi um copo de água. O relógio digital verde do forno marcava 1h25. Peguei o copo e fui para a sala de estar, no andar de cima da casa. Sentei-me ali na quietude, o silêncio interrompido apenas ocasionalmente quando os ônibus que circulavam a noite mudavam de marcha na ladeira próxima.

Como psicanalista, sinto-me desconfortável quando não posso me lembrar de um sonho. Isso é irracional, claro, mas não conseguir me lembrar de um sonho me faz sentir certo embaraço, um pouco como se eu fosse uma fraude. "Você preconiza isso aos outros, mas você mesmo não faz", pensei comigo mesmo em mais de uma ocasião. Naquela noite, fiz o que os psicanalistas dizem aos seus pacientes para fazer quando tentam recapturar os detalhes de um sonho: deixei minha mente associar livremente – permitindo a qualquer pensamento que eu tivesse aflorar à superfície, por mais ilógico ou embaraçoso que fosse.

Meu primeiro pensamento: um poema espanhol. Era de Pedro Salinas? Eu sabia que isso não era exato, mas me lembrei:

"Esqueci seu nome; as letras de seu nome mudam de lugar agora, desconectadas, desconhecidas umas das outras/ Rearranjadas elas formam anúncios em ônibus, estão sobre envelopes formando outros nomes/ Você está em algum lugar agora, mas toda fragmentada, desmantelada, impossível."

Rapidamente, reconheci as quatro letras: SIDA é aids em espanhol, mas também exatamente as mesmas letras rearranjadas – como as letras no poema, tiradas do lugar.

Lembrei-me de um rapaz que eu atendera anos antes em duas consultas. Ele fora encaminhado por seu médico porque era portador do vírus da aids e estava recusando tratamento para pneumonia. Poderia eu encontrar alguma maneira de estimulá-lo a ouvir seu médico ou seus pais?

Durante nosso primeiro encontro, o rapaz me contou que nascera e fora criado na Cornualha, numa pequena aldeia no topo de Lizard. "Lizard é uma península, na verdade o extremo sul da Grã-Bretanha. A Armada Espanhola foi avistada pela primeira vez do campo próximo à casa de meus pais", disse ele. Conversamos sobre sua doença, mas sua falta de preocupação com ele mesmo me perturbou. Fiz o possível para chegar a ele. Discutimos seu medo de morrer, e sugeri que sua defesa contra essa ansiedade era negar que estava doente e recusar tratamento. Ele saiu sem ter se convencido da necessidade de ajuda, mas prometeu voltar para um segundo encontro no dia seguinte.

Chegou atrasado para a consulta. Ao chegar, disse que tinha compreendido que eu estava certo, que ele precisava cuidar de si mesmo. Mas em vez de aceitar tratamento, tinha decidido tirar umas férias. Já tinha marcado uma viagem ao Rio para o Carnaval – por que não ir mais cedo?

No outono seguinte, soube pelo seu médico que ele tinha morrido – não de pneumonia, mas de disenteria.

Lá fora, outro ônibus noturno passou. Essas duas consultas, que não pareciam tão distantes no tempo, certamente tinham acontecido havia pelo menos vinte anos. O rapaz tinha só 26 anos quando morreu. Seus pais provavelmente ainda estavam vivos. Imaginei a casa deles perto do mar e o campo vizinho coberto de neve. Vi-os como deveriam estar agora, embrulhando presentes, ouvindo rádio, lembrando seu bonito menino de pijama de flanela, abrindo seus presentes na manhã de Natal.

Eu gostaria de ter podido convencê-lo de algum modo a tomar seu remédio, a ir ao hospital, a deixar os médicos tratarem dele. Mas, como o lagarto de meu sonho, ele estava fora do meu alcance.

Eu não soube encontrar naquela época, e provavelmente não poderia encontrar agora, as palavras que o persuadiriam a ficar. Levantando os olhos, percebi meu reflexo na grande janela escura. Senti novamente minha incapacidade da noite anterior – minha impotência diante da recusa de meu filho a tomar seu remédio, e meu medo de que ele também pudesse desaparecer na terra.

Hoje, muitos pacientes que eu atendi quando era jovem partiram ou morreram, mas por vezes, como ao acordar de um sonho, vejo-me estendendo a mão para eles, tentando lhes dizer mais alguma coisa.

Bibliografia e notas

Prefácio (p.9-10)

Tomei o cuidado de proteger a confidencialidade dos pacientes. Mudei nomes e alterei todos os detalhes identificadores de modo a preservar seu anonimato sem distorcer a natureza de nosso trabalho conjunto. Quando tive dúvidas, mostrei o rascunho a eles e lhes pedi que comentassem: todos se dispuseram a compartilhar sua experiência; muitos expressaram a esperança de que sua história pudesse ajudar outras pessoas.

Simone Weil, *Gravity and Grace*, Londres, Routledge and Kegan Paul, 1952, p.132.

Como podemos ser possuídos por uma história que não pode ser contada (p.13-21)

A citação de Karen Blixen (Isak Dinesen), "Todos os sofrimentos podem ser suportados se os inserimos numa história ou contamos uma história sobre eles", é uma epígrafe ao capítulo sobre a ação em *The Human Condition*, de Hannah Arendt, Chicago, University of Chicago Press, 2ª ed. revista, 1999 (trad. bras., *A condição humana*, Rio de Janeiro, Forense, 11ª ed., 2010).

D.W. Winnicott. "The concept of trauma in relation to the development of the individual within the family", in Clare Winnicott, Ray Shepherd e Madeleine Davis (orgs.), *Psycho-Analytic Explorations*, Londres, Karnac Books, 1989.

Sobre o riso (p.22-8)

Joseph Sandler, "Countertransference and role-responsiveness", *International Review of Psycho-Analysis*, vol.3, 1976, p.43-7.

Como o elogio pode causar a perda de autoconfiança (p.29-32)

Carol S. Dweck e Claudia M. Mueller, "Praise for intelligence can undermine children's motivation and performance", *Journal of Personality and Social Psychology*, vol.75, n.1, 1998, p.33-52.

Anne Enright, *Making Babies: Stumbling into Motherhood*, Londres, Vintage, 2005.

O dom da dor (p.33-6)

Phillip Yancey e Paul Brand, *The Gift of Pain: Why We Hurt and What We Can Do About It*, Grand Rapids, Michigan, Zondervan Publishing, 1997.

Joyce McDougall, "Reflections on affect: a psychoanalytic view on alexithymia", in *Theatres of the Mind: Illusion and Truth on the Psychoanalytic Stage*, Londres, Free Association Books, 1986.

Como a paranoia pode aliviar o sofrimento e evitar uma catástrofe (p.84-7)

Ver: E.L. Auchincloss, R.W. Weiss,"Paranoid character and the intolerance of indifference", *Journal of the American Psychoanalytic Association*, vol.40, 1992, p.1.013-37. Estou em dívida para com Elizabeth Auchincloss e Richard Weiss: seu ensaio ajudou-me a pensar sobre a conexão entre paranoia e indiferença e alertou-me para a passagem no livro de Paul Tussell, *The Great War and Modern Memory*, Oxford, Oxford University Press, 2000.

Por que os pais têm inveja dos filhos (p.92-5)

Betty Joseph, "Envy in everyday life", in *Psychic Equilibrium and Psychic Change*, Londres, Tavistock Routledge, 1989.

Sobre o ódio (p.100-6)

Sigmund Freud (1912), "On the universal tendency to debasement in the sphere of love", *Contributions to the Psychology of Love II*, in *The Standard Edition of the Complete Psychological Works of Sigmund Freud*, vol.11, Londres, The Hogarth Press and the Institute of Psychoanalysis, 1978 (trad. bras., "Sobre a tendência universal à depreciação na esfera do amor", *Contribuições à psicologia do amor II*, in *ESB*, vol.11, Rio de Janeiro, Imago, várias eds.).

Como a paixão nos impede de amar (p.107-14)

Charles Dickens, "A Christmas Carol", in *A Christmas Carol and Other Christmas Books*. Oxford, Oxford University Press, 2008, p.5-85 (trad. bras., *Canção de Natal*, São Paulo, Companhia das Letras, 1996).

Como o medo de perder pode nos levar a perder tudo (p.117-20)

Jim Dwyer e Kevin Flynn, *102 Minutes: The Untold Story of the Fight to Survive inside the Twin Towers*. Londres, Arrow, 2005 (trad. bras., *102 minutos: a história inédita da luta pela vida nas torres gêmeas*, Rio de Janeiro, Zahar, 2005).

Leonard Shengold, *Haunted by Parents*, New Haven, Connecticut, Yale University Press, 2006.

Alix Spiegel, *Analysis: Studies into Psychology During Disasters*, Weekend All Things Considered, National Public Radio, 11 set 2004.

Como o negativismo impede que nos rendamos ao amor (p.121-4)

Stuart S. Asch, "Varieties of negative therapeutic reaction and problems of technique", *Journal of the American Psychoanalytic Association*, vol.24, 1976, p.383-407.

Anna Freud, "Notes on a connection between the states of negativism and of emotional surrender", in *The Writings of Anna Freud: Indications for Child Analysis and Other Papers 1945-1956*, Nova York, International Universities Press, 1968.

Dan McCall, *The Silence of Bartleby*, Ithaca, Nova York, Cornell University Press, 1989.

Herman Melville. "Bartleby, the Scrivener", in *Billy Budd, Sailor and Other Stories*, Londres, Everyman, 1993 (trad. bras., *Bartleby, o escrivão*, São Paulo, CosacNaify, 2005).

Sobre perder a carteira (p.125-30)

Anna Freud, "About losing and being lost", *The Psychoanalytic Study of the Child*, vol.22, 1967, p.9-19.

Karen Horney, "The problem of the negative therapeutic reaction", *Psychoanalytic Quarterly*, vol.5, 1936, p.29-44.

Dr. Seuss, *Did I Ever Tell You How Lucky You Are?*, Londres, HarperCollins, 2004.

William Styron, *Darkness Visible: A Memoir of Madness*, Londres, Picador, 1991.

Por que cambaleamos de crise em crise (p.136-9)

D.W. Winnicott, "Psychoanalysis and the sense of guilt", in *The Maturational Processes and the Facilitating Environment*, Londres, The Hogarth Press and the Institute of Psychoanalysis, 1979.

Sobre ser chato (p.140-4)

Samuel Beckett, *Endgame*, in *The Complete Dramatic Works*, Londres, Faber and Faber, 1986, p.128.

Betty Joseph, "The patient who is difficult to reach", in *Psychic Equilibrium and Psychic Change*, Londres, Tavistock/Routledge, 1989.

Retornar (p.170-8)

Ver: "My Holocaust Problem", de Arthur Krystal, em *The Half-Life of an American Essayist*, Jaffrey, New Hampshire, David R. Godine, 2007. O ensaio de Krystal trata de muitas questões abordadas aqui, também de uma perspectiva pessoal. Ele escreve: "Se a vida da mente é uma série de passos envolvendo a progressiva perda da inocência, começando pela compreensão de que não somos o centro do Universo e terminando com o pensamento de que o próprio Universo não tem centro algum, certamente não há nenhuma necessidade de acelerar a jornada de uma criança em direção ao horror programado que os líderes alemães conceberam para os judeus. As pessoas chegarão a esse conhecimento por elas mesmas, ou não chegarão. Não tenho certeza de que a vida analisada requer a contemplação do que aconteceu com os judeus. A única coisa que sei ao certo é que como os que pereceram não tiveram nenhuma escolha em suas mortes, nós, seus descendentes, não temos nenhuma escolha senão lembrar."

Através do silêncio (p.187-92)

Stephen Grosz, "A phantasy of infection", *International Journal of Psychoanalysis*, vol.74, 1993, p.965-74.

Sobre o despertar de um sonho (p.197-200)

Pedro Salinas, "Muertes/Deaths", in Hardie St. Martin (org.), *Roots and Wings: Poetry from Spain, 1900-1975: A Bilingual Anthology*, Londres, Harper and Row, 1976.

Agradecimentos

Um agradecimento afetuoso à minha mulher, Nicola, por ceder generosamente seu tempo e compreensão. Este livro é dedicado a ela e às duas outras pessoas que o tornaram possível, nossos filhos, Clara e Samuel.

Carin Besser, Wendy Cope, David Aaronovitch e John Lahr, que leram e releram estas histórias desde que as comecei. Sem seu conselho, eu não poderia ter escrito este livro.

Obrigado aos amigos e parentes que forneceram estímulo e ajuda, entre eles Christopher Bollas, Michael Brearley, Donald Campbell, Ann Y. Coxon, Alex Dunai, meus pais, Anita e Bernard, meu irmão, Mick, e minha irmã, Jacalyn, Frances Kolman Gross, Jack Gross, David Harrison, Sarah Jones, Julia Kreitman, Stephen Lehmann e Carol Sabersky, Geoffrey e Janice Luckhurst, Lachlan Mackinnon, Paul Mayersberg, Michael Mitchell, Alan Montefiore e Catherine Audard, Penny Pilzer, Celia Read, John Scholar, Michael e Angela Scholar, Jonathan Sheldon, Stuart Sherman, Clive Sinclair, Ramaswamy Sudarshan, Katharine Viner e Bettina von Zwehl.

Elizabeth Bradshaw, Molly Macdonald, Siân Putnam e Sharon Shamir ajudaram com a preparação deste livro. Agradeço a todos eles por suas sugestões e bom humor.

Tenho uma dívida particular para com estes psicanalistas: Amadeo Limentani, Anne-Marie Sandler, Hanna Segal e Ignês Sodré. Sou grato a eles e aos colegas e alunos do Institute of Psychoanalysis e da Unidade de Psicanálise do University College em Londres, e também a colegas na Portman Clinic, no Anna Freud Centre, no Royal Free Hospital, na Gloucester House e na Tavistock Clinic.

David Miller foi o mais estimulante e atencioso agente. Agradeço a ele e a seus colegas na Rogers, Coleridge & White – em especial a Stephen Edwards, Alex Goodwin, Margaret Halton, Laurence Laluyaux, Zoë Nelson, Peter Robinson, Eleanor Simpson e Peter Straus. Meus agradecimentos também a Melanie Jackson em Nova York.

Tenho uma grande dívida para com minha editora na Chatto&Windus, Clara Farmer. Agradeço a ela e a Parisa Ebrahimi pelo cuidado e imaginação que demonstraram durante a revisão e publicação deste livro. Muito obrigado a todos na Chatto por terem tornado nosso trabalho tão agradável, em especial a David Milner, Stephen Parker e Sue Amaradivakara.

Muito obrigado a outros editores que estiveram envolvidos neste projeto, sobretudo: Maria Guarnaschelli, na W.W. Norton, em Nova York, Anne Collins, na Random House Canada, em Toronto, Martijn David e Erna Staal, na Contact Atlas, na Holanda, Nina Bschorr e Peter Sillem, na S. Fischer Verlag, em Frankfurt, Francesco Anzelmo, na Arnoldo Mondadori, em Milão, Miguel Aguilar, na Random House Mondadori, S.A., em Barcelona, Ana Cristina Zahar, na Zahar, no Brasil, e Anna Pataki, da S. Patakis Publications S.A., em Atenas.

Partes deste livro foram publicadas na *Financial Times Weekend Magazine*; meus agradecimentos a Caroline Daniel, Alice Fishburn, Sue Matthias e Annabel Wright.

Minha maior dívida, finalmente, é com aqueles a quem não posso agradecer citando o nome – os pacientes cujas vidas deram forma a este livro.